Anonymus

Schulblatt für Franken

Organ des Mittelfränkischen KreisLehrervereins

Anonymus

Schulblatt für Franken
Organ des Mittelfränkischen KreisLehrervereins

ISBN/EAN: 9783742892805

Hergestellt in Europa, USA, Kanada, Australien, Japan

Cover: Foto ©Paul-Georg Meister /pixelio.de

Manufactured and distributed by brebook publishing software (www.brebook.com)

Anonymus

Schulblatt für Franken

Schulblatt für Franken.

Herausgegeben von J. H. Lutz, Schullehrer in Erlangen.

(In Monats-Nummern, halbjährlich für 18 Kreuzer — zu beziehen bei dem Herausgeber, sowie bei allen Postanstalten Deutschlands.)

VII. Jahrg.   **Nr. 1.**   **Januar. 1862.**

I. Abhandlungen, Biographien ꝛc.

1. Zum neuen Jahre.

Wenn der Herausgeber des Schulblattes beim Anfange des vorigen Jahres über Lehrerverhältnisse lieber gar Nichts sagen, als an die Schattenseiten derselben erinnern wollte: so drängt es ihn heute, die freudige Hoffnung auszusprechen, daß das laufende Jahrzehent auch den berechtigten Wünschen der bayerischen Schullehrer die langersehnte Erfüllung bringen werde. Das vergangene Jahr 1861 hat sich mit leuchtenden Zügen in die Geschichte unseres Volksschulwesens eingegraben — weniger durch die für den Augenblick erreichten praktischen Resultate, als durch das allgemeine Wohlwollen und die Achtung, welche von den Vertretern unseres Landes der Volksschule und deren Lehrern bewiesen wurden, und durch die Betretung eines festen, gesetzlichen Bodens, auf dem im Laufe der Zeit unser Schulwesen einer günstigen Weiterentwickelung zugeführt werden kann.

Unsere Landtags-Abgeordneten haben sich bei den jüngsten Verhandlungen über die Schule als Männer gezeigt, welche Volkswohl und Volksbildung als mit Lehrerwohl und Lehrerbildung innig zusammenhängend und sich wechselseitig bedingend erkannten. Sie hatten warme, kräftige Worte für uns, und wo auf kranke Stellen in unseren Verhältnissen hingewiesen werden mußte, geschah es mit Schonung, ohne Spott und Hohn. Darum können wir es uns nicht versagen — um nur Einige aus der hochgeehrten Versammlung zu nennen — den Herren: Föderer, Stabler, Fischer, Dr. Völk, Dekan Lang, Graf Hegnenberg ꝛc. für das, was dieselben für uns geredet und gethan, die dankbarste Verehrung hier öffentlich auszusprechen. Mögen diese hochgeachteten Männer der Ueberzeugung Raum geben, daß ihre Bemühungen zur Hebung des Lehrerstandes von der großen Mehrzahl der bayerischen Lehrer gebührend gewürdigt werden, und daß die Freudigkeit im Berufe, welche durch solche Theilnahme in uns neu belebt wurde, zum Wohle der Jugend ihre Früchte tragen wird.

Fassen wir nun unser erstes bayrisches Schutzgesetz selbst in's Auge. Es enthält Bestimmungen über die Stellung der Schule zur

Gemeinde, sowie über die Gehalts= und Pensions=Verhältnisse der Lehrer. Wohl mochte unsere hohe Staatsregierung bei Einbringung des Gesetzentwurfes von der Ansicht ausgehen, daß Schillers Ausspruch auch in Bezug auf uns Schullehrer gewichtige Wahrheit enthalte:

. . . . . Zu essen schafft ihm, zu wohnen!
Habt ihr die Blöße bedeckt, gibt sich die Würde von selbst!

Darum zuerst die Sorge für das Brod. — Nach dem neuen Gesetze soll der **Minimal=Gehalt** eines Schullehrers in Städten mit mehr als 10,000 Einwohnern 500 fl.; bei mehr als 2500 Einw. 450 fl, und in Orten mit weniger als 2500 Einw. 350 fl. betragen. - Der **Pensions=bezug** wurde auf mindestens 200 fl. festgesetzt.

Wie schwer es auch in einem nicht gar ausgedehnten Staate sei, (nach vorausgegangener, verschiedenartiger Behandlung des Schulwesens in den einzelnen Provinzen) eine gesetzliche Einheit in das Ganze zu bringen, das stellte sich bei diesem ersten Schritte recht klar vor Augen. Während z. B. in unserm Franken schon vor 40 Jahren auf dem Lande ein Schulgeld von vierteljährlich 26 Kreuzer eingeführt wurde, kostete es im Jahre 1861 noch Mühe, im Schulgesetze auf das Minimum von vierteljährlich 24 Kr. vorzugehen. (Man denke nur an die Erklärungen aus dem bayerischen Walde und noch aus einigen andern Gegenden von Niederbayern!) Während in Mittelfranken nach einer mehrjährigen, höchst wohlwollenden Verfahrungsweise unserer Kgl. Kreisregierung der alte Lehrer auf seiner Stelle belassen und ihm zur Haltung eines Gehilfen ein ansehnlicher Geldbeitrag aus Kreismitteln verabreicht wird (— so daß z. B. bei einer Schulstelle von 400 fl. dem Lehrer noch 300 fl. und der Genuß seiner Wohnung verbleiben), setzt das Schulgesetz den Quiescenz=Gehalt auf nur 200 fl. fest.

Müßten wir das vorliegende Gesetz als eine **Norm** betrachten, auf welche aus bereits besser geordneten Verhältnissen zurückgegangen werden dürfte, und nicht vielmehr als ein **Minimum**, auf welches auch die hie und da noch ganz traurigen Lehrerverhältnisse hinaufzubringen seien: so könnten wir natürlich über dessen Erscheinen nur trauern. Dem ist jedoch nicht so! Die Huld unseres allgeliebten Landesvaters und der Geist, welcher von Allerhöchstdemselben ausgehend die hohen Regierungs=Organe durchdringt, bürgen uns dafür, daß mittelst des neuen Gesetzes gewiß keinerlei **Rückschritte** in irgend einer Provinz bewerkstelliget werden wollen. Und darum nehmen wir dasselbe als „Bruchtheil eines Schulgesetzes" und als einen „Baustein für die Zukunft" (wie es bei den Landtags=Verhandlungen selbst bezeichnet wurde) mit **aufrichtigstem Danke** hin.

Was den Werth einer anderen Gabe des vergangenen Jahres (berathende Stimme im Schulvorstande) anlangt, so halten wir uns noch nicht für befähigt, ein Urtheil hierüber abzugeben. Es wird bei dem erwähnten Zugeständnisse Alles darauf ankommen, in welchem Geiste die Sache von den einzelnen Schulbehörden aufgefaßt und behandelt wird. So nahe die Wahrscheinlichkeit liegt, daß ein Lehrer auch bei bloß „berathender Stimme" im Stande sein werde, seine Ueberzeugung in Betreff dessen, was der Schule seines Ortes noth thue, zur

Anerkennung zu bringen: so nahe liegt auch die Möglichkeit, daß das erlangte (von einzelnen Personen nicht gern gesehene) Zugeständniß hie und da auch als ein Mittel zur Demüthigung des Lehrers benützt werde. Warten wir darum den Erfolg ohne Vorurtheil ab!

Wir halten übrigens fest an dem Glauben, „daß das, was innerlich wahr und berechtigt ist, sich auch durch Hindernisse emporringen werde," und darum hoffen wir, daß die Berücksichtigung, welche einzelne humane Vorgesetzte bereits seit Jahren den Ansichten ihrer Lehrer (in Fragen der Schule) angedeihen lassen, allmählich zur **allgemeinen Regel** werden und auch noch von **Seite des Staates die gesetzliche Zuerkennung** erlangen wird.

Es wird dieser und noch so mancher andere Wunsch um so früher in Erfüllung gehen, je mehr wir Lehrer, von der Wichtigkeit unseres Berufes durchdrungen, es uns angelegen sein lassen, gegen **Kirche, Staat und Gemeinde die uns obliegenden Pflichten treu zu erfüllen.** Der sicherste Weg zum Vorwärts bleibt immer unsere **eigene** Veredlung. Und dazu wolle uns Gott im neuen Jahre auch neue Kraft und seinen Segen geben!

Der Herausgeber reicht hiemit im Geiste allen seinen lieben Amtsbrüdern unter herzlichstem Glückwunsche die Hand. L.

---

2. Die Gründung einer Leichenbeerdigungskasse unter den oberfränkischen Lehrern betr.

Nach dem 1. Artikel des Schulblattes Nr. 8 ist bei der am 11. Okt. 1860 stattgefundenen Conferenz der Lehrer des Stadtbezirks **Bayreuth** der Antrag gestellt und zum Gesammtbeschlusse erhoben worden: „**es wolle unter den oberfränkischen Lehrern eine Leichenbeerdigungskasse gegründet werden.**"

Da dieser Gegenstand fast nicht minder, als unsere Pensions-Anstalt, eine für das Wohl oder Wehe unserer Hinterbliebenen tief einschneidende Frage ist, indem sie im eigentlichsten Sinne des Wortes unser Fleisch und Blut berührt, so wäre es sehr zu wünschen, daß die Gründung dieser Kasse recht bald in Angriff genommen werden möchte.

Wenn man die segensreichen Folgen eines solchen in's Leben gerufenen Institutes bedenkt, so muß es beklagt werden, daß die angeregte Sache fast ein ganzes Jahr ruht. Wollen wir uns, verehrte Collegen, bei der zu gründenden Leichenbeerdigungskasse recht ernstlich und zahlreich betheiligen und uns nicht als Leute beweisen, welche die Hand an den Pflug legen und zurücksehen, sondern als Männer, die entschlossen sind, alle Kräfte aufzubieten, um eine so wohlthätige Anstalt **recht bald ins Leben zu rufen,** und die sich nicht mehr nachsagen lassen wollen, daß sie **für ihr eigenes Fleisch und Blut nichts thun mögen.**

Soll ich etwa Beispiele anführen, um zu beweisen, daß eine Leichenbeerdigungskasse unter den Lehrern nothwendig und wünschenswerth sei? Ich bin der Meinung, daß den meisten Collegen Sterbefälle von Amtsbrüdern genug bekannt seien, in welchen bei dem Dahinscheiden des Vaters und Versorgers dessen Familie sich in die bitterste Verlegenheit und größte Noth versetzt sah, indem sich zur tiefen Trauer über den schweren und unersetzlichen Verlust auch noch die drückende Sorge um Aufbringung der nöthigen Mittel zur Bestattung der theuren Leiche gesellte.

Um ihren Hinterbliebenen diese Sorge zu ersparen, so sind manche Lehrer andern schon bestehenden Leichenbeerdigungskassen beigetreten, bei welchen jedoch häufig die Beiträge sehr hoch gestellt sind. Weit günstiger würde sich eine solche Kasse für die Lehrer eines Regierungsbezirkes gestalten.

Es sollten sich nun vor Allem einige für diese Angelegenheit begeisterte Collegen, wo möglich in oder nahe an Bayreuth, um dieselbe annehmen, die nöthigen Berechnungen herstellen, Statuten entwerfen und diese dann an die einzelnen Schuldistrikte Oberfrankens zur Berathung und Rückäußerung hinausgeben ꝛc. Der Verfasser ist überzeugt, daß sowohl der frühere Herr Antragsteller, als auch die Herren Collegen, welche dessen Antrag zum Beschluß erhoben, sich um die Gründung einer Leichenbeerdigungskasse für die Lehrer Oberfrankens auch fernerhin warm, annehmen werden.

Die am 21. Aug. d. J. zu Gräfenberg bei einer Conferenz versammelt gewesenen Lehrer sprachen sich sämmtlich sehr günstig und mit reger Theilnahme über und für diese Sache aus, und ich entledige mich mit dem Gesagten des mir bei dieser Zusammenkunft gewordenen Auftrages, den betreffenden Gegenstand wieder anzuregen, damit er nicht der Vergessenheit anheimfalle.

K—ch. M—l.

II. Lesefrüchte, Allerlei.

1. Wie führt man die Schüler in das Verständniß eines Lesestückes ein?

a) **Durch gutes Vorlesen.** — Dadurch, daß ein Lesestück gut vorgelesen wird, erhält der Schüler einen sehr wirksamen Eindruck vom Inhalte desselben. Gutes Lesen macht durch Pausiren an den betreffenden Stellen die Gliederung der Darstellung erkennbar, hebt durch Betonung diejenigen Wörter heraus, welche die Hauptvorstellung enthalten, läßt Gedanken, welche eine besondere Beachtung beanspruchen, deutlich aus den Nebengedanken hervortreten und bahnt so dem Inhalte den Zugang zum Denken und Empfinden des Schülers.

b) **Durch Zergliederung des Lesestückes, d. h. durch Zerlegung in die durch den Organismus desselben bedingten Bestandtheile.** — Zergliederung ist Theilung eines Ganzen; aber nicht jede Theilung ist Zergliederung. Wenn bei der Theilung nicht auf den im Wesen des Lesestückes begründeten Zusammenhang der Theile gesehen wird, dann ist es Zerreißung, Zerschneidung u. s. w.

c) **Durch Erklärung, Erläuterung.** — Ein Gedanke ist klar, wenn in ihm nichts ist, was seine Erkenntniß stört. Die Hindernisse, welche sich dem Verständniß entgegen stellen, können sowohl im Ausdruck, als auch im Inhalte liegen. Darum ist sowohl Wort-

als Sacherklärung nöthig. Bisweilen genügen aber beide noch nicht, wenn z. B. der Satz eine Behauptung ausspricht, deren Zulässigkeit der Leser nicht einsieht. In diesem Falle ist noch erforderlich, daß
d) auch die **innere Wahrheit** der aufgestellten Behauptung nach= gewiesen werde. (E. Richter.)

2. (**Eine Stimme aus Preußen.**) „Nicht ein Wort für den Stand der Volksschullehrer ist in der preußischen Kammer im Jahre 1861 gesprochen worden; ja, wieder sind mitleidslose Worte gegen ihn gefallen, und er bedarf gerade der Anregung, der Er= muthigung jetzt mehr, denn je.

Wo ist die Begeisterung, die durch die Lehrerwelt zuckte, und von der alte Lehrer uns noch erzählen? Wo ist die anregende geistige Arbeitsamkeit unter den jüngeren Lehrern, der die Ministerial=Rescripte einen Damm setzen zu müssen glaubten? Es giebt noch Lehrer, Gott sei Dank, die begeistert sind für ihren Beruf, die in kleinen Kreisen ihre „Wissenschaft" — das ist die Pädagogik! — pflegen; aber im Allge= meinen herrscht Verstimmung; es wird gehandwerkt! Eine beson= dere Thätigkeit wird entfaltet, um Gehaltszulage zu erhalten; und wäh= rend ältere Lehrer sich genügen lassen, treten die jüngeren mit den ent= schiedensten Forderungen auf. — Nachlässigkeiten, Unregelmäßigkeiten kommen wohl überall vor; aber sie im Lehrerberufe, aus Lehrermunde mit den Worten „Genug für dies Geld!" decken zu hören, das hat etwas so Frappirendes, wie Deprimirendes. Nur ein Mensch, der durch die letzten Jahre mit der ganzen Bornirtheit eines Bureaukraten gegangen ist, kann glauben, durch Rescripte einen solchen Geist zu bannen."
(Schlenker, Oberlehrer an den Francke'schen Stiftungen in Halle.)

3. (**Lehrer=Jubiläum**). Am 15. Nov. v. J. hat der Lehrer an der obersten Mädchenklasse in Bayreuth, Johann Schneider, einschließlich eines doppelt gezählten Felddienstjahres, sein 50. Dienstjahr zurück= gelegt. — Geboren 1791, den 25. Dez. zu Lahm, kgl. Landgerichts Seßlach, verlor derselbe schon im 12. Lebensjahre seinen Vater, welcher Sattler war. Nach dem Wunsche seiner Mutter sollte er das väterliche Handwerk erlernen; doch der begabte Knabe, der sich nicht bloß gute Schulkenntnisse erworben, sondern auch sein Talent für Musik geübt hatte, wählte aus Liebe den Lehrerberuf und verbrachte seine Vorbereitungszeit in dem Institute des noch jetzt von ihm hochverehrten Rektors Weißner in Rentweinsdorf. Wohl vorbereitet trat der noch nicht 18jährige Jüng= ling 1809 in das Schullehrer=Seminar zu Bamberg und bildete sich dort unter der Direktion des vortrefflichen Schatt zum tüchtigen Schulmann. 1811 trat er aus dem Seminar und fand 1812 seine erste Anstellung als Verweser der Schule Sichersreuth bei Wunsiedel.

Der Aufruf des höchstseligen Königs Max —„An mein Volk"— im Jahre 1813 war auch ihm eine ernste und heilige Stimme, der er freudig folgte. Er verließ die friedliche Schulstube, um seinem Vaterlande mit seinem Arme, und, wenn nöthig, mit seinem Blute zu dienen, und trat, obgleich man ihn als Fourier zu empfehlen gedachte, als gemeiner Soldat in das freiwillige Jäger=Bataillon des Mainkreises und machte in diesem unter dem Commando des Majors v. Jeetze in der Compagnie des Hauptmanns v. Sundahl den Feldzug gegen die Franzosen im Jahr 1815 mit. Nach kurzer Zeit zum Oberjäger (Feldwebel) befördert, wurde er bei Chaumont zum Offizier vorgeschlagen. Nach Vollendung dieses Feldzugs legte der 24jährige Oberjäger Schwert und Büchse ab, verließ eine glänzend winkende Laufbahn und kehrte zurück zu dem ihm lieb und theuer gewordenen Berufe. Er fand sofortige Verwendung an der Schule Heinersreuth bei Bayreuth, und kam noch im Jahre 1816 als Lehrer nach Bayreuth, wo er bis heute (mit Ausnahme eines Jahres, in welchem er 1. Lehrer und Cantor zu Neustadt a/C. war) unter rastlosem Eifer und nicht zu ermüdender Unverdrossenheit mit dem besten Erfolge, also 44 Jahre wirkt. — Er genießt die Achtung seiner Vorgesetzten, die Liebe und Werthschätzung der Gemeinde und seiner Amtsbrüder in hohem Grade. Frei von Heuchelei und Kriecherei, wahr, offen, bieder und treu hat er sich durch sein langes Leben gegen Jedermann bewiesen. Seit 1843 Wittwer, hat er das Glück, 4 wohlgerathene und versorgte Kinder zu besitzen. — Mehrere Schülerinnen hatten am 15. Nov. in sinniger Weise das Lehrzimmer des Gefeierten festlich geschmückt. In gerührter Stimmung eilten sie nun sämmtlich dahin, manche von ihren Müttern geführt, und überreichten unter passender Ansprache dem verehrten Lehrer als schwachen Beweis ihrer Liebe und Achtung einen **silbernen Trinkbecher**, der um so größeren Werth hat, als auch die ärmeren Schülerinnen es sich nicht nehmen ließen, ihr Scherflein beizusteuern. Kein Auge blieb bei diesem Akte trocken.

Seine Collegen begrüßten und beglückwünschten den Jubilar hierauf in seiner Wohnung, und der älteste von ihnen gab den Gefühlen Aller in einer kurzen, herzlichen Anrede Ausdruck und überreichte ihm eine **silberne Dose** als Erinnerungszeichen dieses frohen Tages. Der Abend vereinigte sämmtliche Lehrer des Stadtbezirkes, und in würdig stiller Feier, woran sich auch viele andere Freunde des verehrten Jubilars betheiligten, zwar ohne Sang und Klang, aber froh und ungetrübt wurde dieser Tag geschlossen.

Gott verlängere dem noch rüstigen und geistesfrischen Greise seinen heiteren Lebens-Abend und verleihe ihm in Christo einst eine selige Heimfahrt!

4. (Die „**allgemeine deutsche Lehrerzeitung**" auf den kleinen Index gesetzt). In Nr. 48 der allgem. d. Lehrerzeitung, S. 354, ist zu lesen: „Es giebt Fälle, daß es Lehrer stillschweigend dulden, daß unsere „allgem. b. Lehrerzeitung" aus der Zahl der in den Lesezirkeln zur Fortbildung gehaltenen Schriften gestrichen wird. Solche Lehrer wollen Achtung beanspruchen? sie, die gegen bessere Ueberzeugung schweigen und sich schmählich einen Maulkorb anhängen lassen? 2c."

Der Herausgeber nimmt vorstehende Zeilen auf, weil ihm bestimmt versichert worden, daß auch in Mittelfranken ein solcher Fall im letzten Jahre vorgekommen sei. Das nennen wir „zu weit getriebene Bevormundung", gegen welche der Rückschlag nicht ausbleiben kann. Die „allgem. Lehrerzeitung" ist das einzige Blatt, durch das wir fast aus allen Theilen unseres weiten Vaterlandes Schul-Nachrichten erhalten. Treten in demselben bisweilen auch Ansichten zu Tage, die wir nicht unterschreiben und vertheidigen möchten, so muß doch zugegeben werden, daß genanntes Blatt die Interessen des deutschen Lehrerstandes aufrichtig zu fördern sich bemüht, — und wir beanspruchen nun einmal das Recht, von Seite unserer Herren Conferenz-Vorstände als Männer, nicht als Kindlein, behandelt zu werden.

(Für auswärtige Leser stehe hier noch die Bemerkung, daß die „allgem. d. Lehrerzeitung" durch ein Rescript der Kgl. Regierung von Mittelfranken, d. d. 1853, den 11. Juli, den protestantischen Lehrern empfohlen worden sei — welche Empfehlung bis heute noch nicht zurückgenommen wurde.) L.

5. (Aus Unterfranken.) **Es kommt strenger!** — Bisher, wenn ein Schullehrer auf einige Tage Urlaub nöthig hatte, erholte er sich denselben bei seiner Lokalinspektion (und wegen der Gemeindeschreiberei ersuchte er den nächstwohnenden Amtsbruder um Stellvertretung). Am 6. Nov. v. J. verordnete das K. **Landgericht H.** in Unterfranken, wie folgt — und bedrohte die Nichtbefolgung seiner Anordnung sogleich mit **disciplinärer Einschreitung.**

1) Jeder Gemeindeschreiber, welcher sich nicht länger als drei Tage aus der Gemeinde seines Aufenthalts entfernen will, hat mündlich um Urlaub bei der Gemeindeverwaltung nachzusuchen und über den bewilligten Urlaub schriftlich und rechtzeitig kurze Anzeige anher zu erstatten.

2) Beabsichtigt solcher einen längeren als dreitägigen Urlaub, so hat derselbe nach vorgängiger Zustimmung der Gemeindeverwaltung schriftlich um Urlaub beim K. Landgericht einzukommen, und zwar so rechtzeitig, daß vor dem beabsichtigten Urlaubsantritte noch eine landgerichtliche Entschließung hierauf erfolgen kann.

3) In beiden Fällen hat der Gemeindeschreiber mit seinem Urlaubsgesuche aus der Zahl der benachbarten in Gemeindeschreiberei gewandten Schullehrer einen Stellvertreter für die Dauer des Urlaubs zu bezeichnen. V.

6. (Erfahrungen über die **Bereitwilligkeit** einzelner Gemeinden zur Hebung der Schule.) Als der wohlmeinende Minister Guizot im Jahre 1833 einen energischen Versuch zur Verbesserung des Volksunterrichtes in **Frankreich** machte, ließ er offizielle Erkundigungen über die Erfolge der bisherigen Maßregeln anstellen. Man traut seinen Augen kaum, wenn man den Bericht des Oberinspektors Lorain liest: „Sie thäten weit besser, uns Geld für unsere Wege zu bringen," sagte die eine Gemeinde. — „Wir wollen die Schule um keinen Preis, auch wenn man uns die Bücher gratis gibt," die andere. — „Wir brauchen Winzer, nicht Bücherleser ꝛc." eine dritte — und so fort Eine unerhörte, ja kaum begreifliche Theilnahmslosigkeit, ja Feindseligkeit trat dem Gouvernement entgegen.

(Stoy: **Encyklopädie.**)

7. Die Rettungsanstalten in Mittelfranken (18⁶⁰/₆₁).

Ort:	Pfleglinge:	Ausgaben:	Durchschnittl. Betrag eines Pfleglings:
Altdorf	13	1008 fl.	77 fl.
Ansbach	14	2220 „	158 „
Dollnstein	9	1105 „	122 „
Eichstätt	17	1688 „	99 „
Ellingen	6	219 „	36 „
Gunzenhausen	16	1192 „	74 „
Nürnberg	34	4504 „	132 „
Puckenhof	42	6632 „	158 „
Schillingsfürst	14	1141 „	81 „
„	25	2029 „	81 „

8. Verzeichniß der 18⁶⁰/₆₁ in Mittelfranken gestorbenen Lehrer.

Diez, Chr. Fr (Nürnberg) gest. d. 2. Nov. 1860 (54 J.);
Kees, Heinr. (Erlangen) gest. d. 19. Nov. 1860 (58 J);
Pfaller, Xaver (Kreith) gest. d. 25. Nov. 1860 (48 J.);
Weichselfelder, Th. (Sachsen) gest. d. 26. Nov. 1860 (62 J.);
Warmuth, Jos. (Reunstetten) gest. d. 12. Dez 1860 (69 J.);
Schönamsgruber, J. G. (Rohr) gest. d. 17. Dez. 1860 (71 J.);
Schnöß, Balth. (Steinach) gest. d. 28. Dez. 1860 (52 J.);
Meyer, Leonh (Nürnberg) gest. d. 13. Jan. 1861 (76 J.);
Heerwagen, Aug. (Frickenfelden) gest. d. 13. Jan. 1861 (64 J.);
Ebensperger (Präfekt am Seminar zu Altdorf) gest. d. 30 Jan. 1861;
Hämmel, J. Ludw. (Krafthof) gest. 20. Febr. 1861 (57 J.);
Hauser, Martin (Leutershausen) gest. d. 9. März 1861 (57 J.);
Berger, Carl (Ziegelstein) gest. b. 7. April 1861 (31 J.);
Wörlein, J. W. (Poppenreuth) gest. d. 15. April 1861 (64 J.);
Bachschmidt, Mich. (Schwabach) gest. d. 3. Mai 1861 (73 J.);
Wolfram, Gg. (Fürth) gest. d. 4. Mai 1861 (57 J);
Hohmann, (Musiklehrer am Seminar in Schwabach) gest. d. 12. Mai 1861;
Barfus, Gg. (Fürth) gest. d. 15. Mai 1861 (60 J.);
Pfänder, Joh. (Baiersdorf) gest. d. 2. Juni 1861 (56 J.);
Hochstein, Carl (Linden) gest. d. 17. Juni 1861 (47 J);
Schnitzlein, Gg. (Hersbruck) gest. d. 23. Aug. 1861 (49 J.).

— „Sie ruhen in Frieden!" —

Briefkasten.

Herrn K. in F. Brief erhalten. Ihre Ansichten in Betreff der beiden erwähnten Punkte werden von den hiesigen Lehrern getheilt. Freundlichen Gruß! — Herrn M. in H. Der Wunsch um Zusendung von Büchern ist wegen der weiten Entfernung kaum ausführbar. — Herrn K. in G. Die mitgetheilte Rechtfertigung (und Empfehlung) liegt der Tendenz unseres kleinen Blattes zu ferne. Nach unserem Dafürhalten gehört dieser Artikel in ein Tagblatt jener Gegend, in welcher die Sache zur Sprache kam. — Aus W. und R. das Zugesandte so eben erhalten.

Quittung. Die Beträge für 1861, II. Semester, erhalten von den Distrikten: A—f, F—n, H—ck, G—n, N—dt, N—g, R—g, Sch—ch, W—n.

Im Selbstverlage des Herausgebers. — Druck der A. E. Junge'schen Universitätsbuchdruckerei.

Schulblatt für Franken.

Herausgegeben von J. H. Lutz, Schullehrer in Erlangen.

(In Monats-Nummern, halbjährlich für 18 Kreuzer — zu beziehen bei dem Herausgeber, sowie bei allen Postanstalten Deutschlands.)

VII. Jahrg.   Nr. 2.   Februar. 1862.

I. Abhandlungen, Biographien ꝛc.

1. Die Sonntagsschulen.

Die Sonntagsschulen waren ein Bedürfniß der Vergangenheit; mannigfache Umstände haben sie hervorgerufen. Wollen wir dieses nachweisen, so müssen wir die Geschichte der Sonntagsschulen aufmerksam durchgehen. Dieselbe gibt uns folgende Aufschlüsse:

Das Vaterland der Sonntagsschulen ist Italien, wo einst der Bischof Carl Borromeo, geboren 1538, im Reformationszeitalter die Kinder der arbeitenden Klasse an Sonntagen unterrichtete. Im Jahre 1599 wurden sie in Würtemberg u. a. prot. Ländern gesetzlich eingeführt. In England gelten die Sonntagsschulen für eine Arbeit christlicher Vereine, welche sich als solche nach Amerika, Holland, Frankreich und einzeln auch nach Deutschland verbreitet haben. Stifter in England ist der Buchdrucker Robert Raikes zu Gloucester, welchen die jammervolle Lage der Gefängnisse, als er dieselben näher kennen lernte, dahin brachte, daß er arme Kinder an Sonntagen unterrichtete. Er begann 1782, und als er starb, besuchten 1811 in England und Wales 300,000 Kinder die Sonntagsschulen. Im Jahr 1791, den 1. Februar, wurde in Philadelphia die erste Sonntagsschule eröffnet. Belgien und Italien weisen auf eine gemeinsame Quelle zur Anregung von Gründung der Sonntagsschulen hin, nämlich aufs Tridenter Concil. Darin beschloß man: „Da nicht alle Kinder die täglichen Schulen besuchen können und ihre Eltern unfähig sind, sie selbst zu unterrichten, so sollen die Bischöfe dafür sorgen, daß Sonntagsschulen in jeder Parochie errichtet werden, in denen den Kindern die ersten Anfangsgründe der Religion und der Muttersprache recht und klar mitgetheilt und durch den Pastor oder Sakristan dem kindlichen Alter angemessen erklärt werden sollen." (Akten der Synode zu Mecheln von 1678). Früher schon, 1567, wurde auf der Synode zu Künmerich (Cambray) beschlossen: „Nach der Vesper sollen die Pfarrer selbst oder ihre Subsituten die Sonntagsschule leiten." Später wurden diese wohlthätigen Anstalten aus der Klasse reiner Liebesthätigkeiten wieder herausgerissen und Zwang gebraucht. Sie wurden gesetzlich eingeführt. (Vgl. Flieg. Blätter des rauhen Hauses bei H., III. Serie, Nr. 9).

Was insbesondere Bayern betrifft, so sind die Sonntagsschulen am 12. Sept. 1803 eingeführt worden, weil „in einem Zeitraum von 6 Jahren in den Werktagsschulen nur das Nothwendigste gelehrt werden könne; ferner weil das Gelernte, wenn aller Unterricht mit dem 12. Jahre aufhört, größtentheils wieder **vergessen** werde, und endlich, weil insbesondere die moralische Ausbildung in diesen wenigen Schuljahren nicht **vollendet** werden könne." Dabei wird versehen, „daß die Pfarrer und Kapläne aus freiem Antrieb in den Sonntagsschulen den Unterricht übernehmen" und erwartet, „daß sich auch die Schullehrer ohne Weigerung in denselben gebrauchen lassen." — Im Decret vom 25. Juli 1810 werden die Sonntagsschulen „zur Nachhilfe" und zweckmäßigen „Steigerung" des Unterrichts als nothwendig bezeichnet, und nach Verordnung vom 23. Nov. 1811 wird zur ferneren „Errichtung dieser Sonntagsschulen" ermuntert. Am 15. Oct. 1818 wird ein **Feiertagsschulgeld** gesetzlich eingeführt; unterm 8. März 1819 ist der Besuch der Sonntagsschulen den Handwerksgesellen, Lehrjungen und allen jungen Leuten anempfohlen worden; bald darauf erheben sich Mängel und Gebrechen in denselben. — Nach der Verordnung vom 19. April 1819 werden Klagen darüber geführt, „daß manche Feiertagsschülerinnen bei ihrer Volljährigkeit den Sonntagsschulbesuch zu Liebeshändeln mißbrauchen." Man verlangte Abkürzung der Schulzeit oder Dispensation für volljährige Schülerinnen. Beides wurde aber nicht gewährt. (Vergl. Verordn. vom 17. Aug. 1827). Darauf gab es Kollission mit der Christenlehre. (Verordn. vom 22. Dec. 1824). — Die Sonntagsschulen gewinnen mehr Boden. Am 28. April 1830 werden **Sonntagsschulprüfungen** gebilligt und anempfohlen; am 3. Mai 1834 werden die Unterrichtsstunden für die Sonntagsschule festgestellt; am 8. Nov. 1835 wurden sie „deutsche Schulen" genannt. Aber es tauchen immer mehr Mißstände in den Sonntagsschulen auf, deren Beseitigungen noch heute auf sich warten lassen. Die Schüler entziehen sich der Prüfung. (Verordn. vom 11. Febr. 1838) — und der Schule. Es werden Schulstrafen decretirt. Verordn. vom 19. April 1838. Man bittet wiederholt um Abkürzung der Schulzeit. Diese wird aber immer noch nicht gewährt. Verordn. vom 17. Dec. 1838. Vielmehr erscheint ein strenges Verbot für die Sonntagsschuljugend, „den Besuch der Tanzplätze, Wirthshäuser, Kegelbahnen ꝛc. betr." Verordn. vom 22. Febr. 1841. — Im Jahr 1847, den 13. Sept., wurde die Bestimmung der Sonntagsschulen von den hohen Schulbehörden also angegeben: „Dieselben haben den Zweck: 1) den Elementarunterricht fortzuführen; 2) das jugendliche Alter gerade in der Zeit seiner Entwicklung zur moralischen Selbstständigkeit zu führen und darin zu befestigen, und 3) die Erziehung der Jugend zu vollenden." — Endlich erfolgte die längst ersehnte und verlangte Abkürzung der Sonntagsschulzeit. (Verordn. vom 2. April 1857) u. s. w.).

Aus diesen wenigen Geschichts-Notizen ersehen wir nun zur Genüge, daß die Sonntagsschulen für die Vorzeit ein Bedürfniß waren. Auch sind darin die Umstände namhaft gemacht, welche dieselben hervorriefen. Endlich geben uns die angeführten Geschichts-Notizen über die Bestimmung der Sonntagsschulen gewünschten Aufschluß. Verlassen wir nun das geschichtliche Feld der Sonntagsschulen und betrachten wir sie in der Gegenwart! Welcher Geist und welche Zucht herrscht heute in unsern Sonntagsschulen?

Soll ich sagen, was hierüber schon jeder Schulmann weiß? Soll ich Partei für die Sonntagsschulen nehmen? Soll ich sie verdammen? — Es wird mir bei diesen Fragen schwer um das Herz. Das Eine will ich nicht, und das Andere darf ich nicht; denn die Sonntagsschulen sind bei uns gesetzlich eingeführt. Lassen wir daher die Sache selbst reden; betrachten wir die Sonntagsschulen in ihrem wahren Sein, und zwar zuerst in Beziehung auf die Schüler.

Eine fünf und zwanzigjährige Erfahrung sagt mir, daß die Sonntagsschule den Schülern eine **Zwangsanstalt** ist. Sie lieben sie nicht; sie haben einen Widerwillen gegen dieselbe; sie ist ihnen ein Ekel und sie haben eine Antipathie gegen dieselbe. Diese Antipathie mag sich leicht aus natürlichen Gründen erklären lassen. Man denke nur an sich selbst. Was man immer sieht, hört, thut und treibt ꝛc., das wird uns zuletzt ganz gleichgiltig. Ein kleines Kind spielt nur so lange gerne mit seinem Spielzeug, als solches den Reiz des Neuen hat; wenn aber der Reiz weg ist, dann sucht sich das Kind was Neues für sein Spiel. Ist es wohl bei dem Erwachsenen anders? Und unsere Sonntagsschüler sollen immer das Nämliche wieder hören, sehen, thun und treiben. Sie werden deßhalb **gleichgiltig** gegen das, was sie schon 7 bis 8 Jahre lang gesehen, gethan, gehört und getrieben haben; sie wünschen in ihrem herangereiften Alter was Neues, was Reizendes, was ihrem Alter Angemessenes; sie fühlen und wünschen eine gewisse **Selbstständigkeit**; wollen selbst schaffen, selbst erfinden, selbst denken ꝛc.; sie wollen die **Kinderschuhe ausziehen**; das schülerhafte Lernen ist ihnen lästig; sie schämen sich, mit Schülern Schüler zu sein; die Schulstube ist ihnen zu eng; „das kann ich schon,‟ heißt es; Männer und Frauen wollen sie gleich sein. Der Knabe will in einem gewissen Sinne ein Redner, ein Rechner, ein Schreiber, ein Ordner ꝛc. sein; das Mädchen will der Hausfrau nachthun; es will mit der Mutter schaffen, wirken, ordnen, spinnen, nähen ꝛc. Beider Streben ist, wie überhaupt das des menschlichen Geistes, **vorwärts, aufwärts, weiter zu kommen**. Gönne man das der Jugend und gebe ihr Gelegenheit, **weiter zu kommen**! Wenn dem Wanderer einmal der Weg gezeigt ist, mag er getrost fortwandern: er kommt zum Ziel. Und wenn einmal die Kräfte des Kindes gestärkt und seine Vermögen geweckt sind, dann müssen sie sich in etwas **Größerem üben können**, sonst werden sie schlaff und am Ende gar todt.

Dieses und noch viel Anderes läßt sich angeben, wenn wir die Sonntagsschule in Beziehung auf die **Schüler** betrachten. Aber, steht es denn mit der Sonntagsschule erfreulicher, wenn wir sie in Beziehung auf die **Eltern** betrachten? — Ich sage: auch nicht! Neulich tadelte ich eine Sonntagsschülerin wegen Unfleiß im Schulbesuch; bald darauf sagten mir deren Eltern unters Gesicht: „Ach, unsere Kinder werden ja doch keine Pfarrer und keine Schullehrer — wenn sie nur ihren Namen schreiben und ihren Morgensegen lesen können, dann können sie schon genug — plagen sie die Kinder nicht so arg.....‟ — Andere Eltern meinen: „Weil ihre Kinder die Werktage hindurch bei den täglichen Arbeiten viel beschäftigt sind, müssen sie sich doch am Sonntag erholen.‟ Noch andere

Eltern sagen: „Die Kinder lernen ja doch nichts mehr in der Sonntagsschule; denn sie sind schon zu groß." Daher zahlen sie lieber Schulstrafen, als daß sie ihre Kinder zur Schule schicken. Dazu kommt noch, daß viele Eltern ihre Kinder bald verdingen; andere sie in ihrem Gewerbe gebrauchen oder in die Lehre thun u. s. w. Was kümmert sich die Herrschaft viel um den Schulbesuch ihres Dienstboten! Es geht ja „Herrengebot" über „Gottesgebot" — und der Meister mag sich mit seinem Lehrjungen nicht ärgern; dieser gehe zur Schule, oder nicht. „Was gehen mich anderer Leute Kinder an," heißt es, „meinetwegen thun sie, was sie wollen." — Und so finden wir auch keinen guten Sinn bei den Eltern für die Sonntagsschule. (Schluß folgt.)

II. Lesefrüchte, Allerlei.

1. Gesetz, die Aufbringung des Bedarfes für die deutschen Schulen betr.

Maximilian II., von Gottes Gnaden König von Bayern ꝛc. Wir haben nach Vernehmung Unseres Staatsrathes mit Beirath und Zustimmung der Kammer der Reichsräthe und der Kammer der Abgeordneten beschlossen und verordnen, was folgt:

I. Artikel. — Die deutschen Schulen sind Gemeinde-Anstalten und es liegt deshalb die Verpflichtung zur Bestreitung des gesammten Aufwandes für die Errichtung und für den Unterhalt derselben vorbehaltlich der Bestimmungen der Art. VI u. VII den politischen Gemeinden insoweit ob, als nicht dieser Aufwand von Dritten vermöge privatrechtlicher Verpflichtung geleistet werden muß, oder aus den für Schulzwecke bestehenden örtlichen Stiftungen, dann aus den für diese Zwecke bestimmten besonderen Einnahmen gedeckt ist.

II. Art. — Erreicht die Zahl der Schüler an einer d. Schule, an welcher sich nur 1 Lehrerstelle befindet, nach einem 5 jährigen Durchschnitt 50, so muß diese mit einem Schullehrer, andernfalls wenigstens mit einem Schulverweser besetzt werden. Bestehen an einer Schule 2 oder 3 Lehrerstellen, so darf hievon 1 mit einem Schulverweser bestellt werden; bestehen an einer Schule mehr als 3 Lehrerstellen, so sind hievon mindestens $2/3$ mit Schullehrern zu besetzen. Wenn die Zahl der Schüler unter einem Lehrer nach einem 5 jährigen Durchschnitte 100 übersteigt, so kann die Gemeinde zur Errichtung einer neuen Lehrerstelle angehalten werden. Eine Abhilfe durch Aufstellung von Hilfslehrern oder zweckmäßige Zutheilung zu anderen Schulsprengeln ist hiedurch nicht ausgeschlossen. Befinden sich in einer Gemeinde oder einer Ortschaft oder in mehreren im Umkreise einer Stunde gelegenen Gemeinden oder Ortschaften zusammen nach einem 5 jährigen Durchschnitt 25 oder mehr schulpflichtige Kinder, welche eine über 1 Stunde entfernte Schule besuchen müssen, so können die betreffenden Gemeinden zur Errichtung einer neuen Schule angehalten werden. — Klosterschulen, desgl. die sog. Schulbrüder oder Schulschwestern können in einer Gemeinde ohne Zustimmung der Gemeinde nicht eingeführt werden.

III. **Art.** — Der geringste Gehalt eines **Schullehrers** wird:
1) bei Gemeinden von mehr als 10,000 Seelen auf **500 fl.**,
2) in Gemeinden von 2500 bis 10000 Seelen auf **450 fl.**,
3) in Gemeinden von einer geringeren Zahl auf **350 fl.**
jährlich festgesetzt. In der Pfalz bleibt es für die Gemeinden von 2000 bis 2500 Seelen bei der bisherigen Congrua von 400 fl. — In den unter Ziffer 3 begriffenen Gemeinden ist dem Schullehrer in der Regel eine für den Bedarf einer Familie ausreichende **Wohnung** nebst den erforderlichen **Wirthschaftsräumen** zu beschaffen, welche mit einem Anschlage von 12 fl. in den Gehalt einzurechnen ist. Wenn in den unter Ziffer 1 und 2 bezeichneten Gemeinden dem Schullehrer eine Wohnung eingeräumt wird, so darf sie in dem Gehalte desselben im ersteren Falle nicht höher als zu 50 fl., im zweiten nicht höher als zu 25 fl. veranschlagt werden.

In Gemeinden, in denen die Lehrer in verschiedene Gehaltsklassen nach dem Dienstalter vorrücken, hat es dabei zu verbleiben, wenn der **Durchschnitt** der Gehaltsklassen den im Absatze 1 bezeichneten niedrigsten Gehalt erreicht oder die Gehaltsklassen hienach abgeändert werden.

Der geringste Bezug eines **Schulverwesers** hat den jährlichen Betrag von 250 fl. zu erreichen, ohne Einschluß der demselben zu gewährenden **freien Wohnung** oder Entschädigung hiefür im geringsten jährlichen Betrage von 25 fl.

Für einen **Schulgehilfen** sind wenigstens 200 fl. jährlich zu verabreichen, wovon 120 fl. die dem Schullehrer für die Verpflegung des Gehilfen gebührende Entschädigung bilden.

IV. **Art.** — Die mit dem Schuldienste verbundenen Bezüge, insbesondere die mit dem Schuldienste verbundenen Bezüge als Kirchendiener, Meßner, Cantoren, Chorregenten und Organisten werden in die im Art. III bestimmten geringsten Gehalte eingerechnet. Ebenso wird das Schulgeld da eingerechnet, wo es dem Lehrer als Gehaltstheil zugewiesen ist.

Etwaige Bezüge als **Gemeindeschreiber**, oder aus ähnlichen Verhältnissen werden in den Gehalt **nicht** eingerechnet.

V. **Art.** — 1) Das **Schulgeld** kommt da zu erheben, wo keine Freischule besteht, und insoweit dasselbe nicht aus anderen Quellen ersetzt wird; dasselbe ist für **alle im Schulsprengel wohnenden Schulpflichtigen** zu entrichten. Ausgenommen sind diejenigen, welche eine andere, nicht in die Klasse der deutschen Schule gehörige öffentliche Lehranstalt, oder wegen Mangels einer Schule ihrer Confession am Wohnorte eine benachbarte ihrer Confession angehörige deutsche Schule besuchen, sowie die Kinder und Waisen der Schullehrer. — 2) Die Gemeindebehörde kann Unbemittelte vom Schulgelde ganz oder theilweise **befreien**. — 3) Besuchen Kinder, welche in einer anderen Gemeinde heimathberechtigt sind, die Schule, so ist für sie das Schulgeld an diejenige Gemeinde, deren Schule sie besuchen (und zwar, wenn sie unvermögend sind, durch die Gemeinde- oder Armenkasse ihrer Heimath) zu bezahlen. — 4) Das **Werktags-Schulgeld** beträgt vierteljährig 24 Kr., das **Sonntags-Schulgeld** vierteljährig 12 Kr. — Dasselbe kann, wenn nicht schon ein höheres Schulgeld eingeführt ist, auf Antrag der Ge-

meinde=Behörde mit Genehmigung der Kreisregierung bis höchstens zum
doppelten Betrage erhöht werden. — 6) **Die Gemeindeverwal=
tungen haben die Schulgelder einzuheben.** — 7) Die Anordnun=
gen über die zweckmäßigste Art der Einhebung desselben bleiben den Ge=
meinden nach örtlichen Verhältnissen überlassen; außerdem ist es nach den
gesetzlichen Bestimmungen über die Perception der Gemeinde=Umlagen
einzuheben. — 8) Ist das Schulgeld dem Lehrer als Gehaltstheil zu=
gewiesen, so ist ihm dasselbe am Schlusse jeden Quartales auszu=
bezahlen. In diesem Falle sind rückständige Schulgelder aus der
betr. Schul= oder Gemeindekasse vorzuschießen, und der nach Absatz 2
veranlaßte Ausfall aus der betreffenden Lokalarmen= oder Gemeinde=
kasse zu ersetzen.

VI. Art. — Der Bedarf der deutschen Schulen, welcher durch die
in Art. I und III bis V aufgezählten Mittel nicht gedeckt wird, ist,
soweit nicht andere Einnahmen der Gemeinde die Deckungsmittel bieten,
durch Umlagen nach den für diese gesetzlich geltenden Bestimmungen
aufzubringen.

Denjenigen Gemeinden, welche den vollen Bedarf für die Bedürf=
nisse der deutschen Schulen ohne Ueberbürdung auch durch Umlagen nicht
aufzubringen vermögen, werden nach Maßgabe des Art. VIII des
Gesetzes vom 23. Mai 1846 („die Ausscheidung der Kreislasten von
den Staatslasten und die Bildung des Kreisfonds betr.") Unter=
stützungen aus der Kreisschuldotation gewährt. — Reichen auch
die Mittel der Kreisschuldotation zur vollständigen Bestreitung der Be=
dürfnisse eines Kreises nicht aus, so hat der Landrath die entsprechenden
weiteren Zuschüsse auf die Dauer der nachgewiesenen und von ihm für
begründet erachteten Bedürfnisse aus Kreisfonds zu gewähren. Die Kreis=
regierung hat ihm zu diesem Behufe genaue Ausweise über den gesamm=
ten Zustand der eine Unterstützung ansprechenden Gemeinden, sowie eine
Zusammenstellung der aus der Kreisschuldotation gewährten Unterstützun=
gen vorzulegen.

VII. Art. — Fällt der Schulsprengel einer deutschen Schule mit
dem Umfange der politischen Gemeinde nicht zusammen, so geschieht die
Ermittlung und Feststellung des Aufwandes für die Schule, sowie die
Vertheilung des durch die Art. I und III bis V aufgezählten Mittel nicht
gedeckten Theiles desselben auf die einzelnen Bestandtheile des Schul=
sprengels nach dem Verhältnisse der von den Betheiligten in der Ge=
meinde zu entrichtenden Grund=, Haus= und Gewerbsteuer durch den
Magistrat, beziehungsweise die Gemeindeverwaltung derjenigen Gemeinde,
in welcher die Schule ihren Sitz hat, unter Zuziehung der Bürgermeister,
beziehungsweise Vorsteher oder Pfleger der übrigen ganz oder theilweise
zum Schulsprengel gehörigen Gemeinden, sowie eines weiteren Abgeord=
neten einer jeden solchen Gemeinde. Letzterer wird von dem betreffenden
Magistrate oder der betreffenden Gemeindeverwaltung auf 3 Jahre, und
zwar in dem Falle, daß nur ein Theil der Gemeinde zum Schulspren=
gel gehört, aus den Gliedern dieses Theiles der Gemeinde gewählt.
Uebersteigt die Zahl der aus auswärtigen Gemeinden zuzuziehenden Mit=
glieder die Zahl der Mitglieder des Magistrates oder der Gemeindever=
waltung der Gemeinde, in welcher die Schule ihren Sitz hat, so sind

letztere durch von ihnen auf 3 Jahre zu wählenden Gemeindeglieder bis zur Zahl der auswärtigenden Mitglieder zu verstärken.

Der in Absatz 1 bezeichneten Versammlung steht bezüglich der Erhöhung des Schulgeldes des in Art. V, Abs. 5 der Gemeindebehörde eingeräumte Recht zu. — Für die Aufbringung des von den einzelnen Bestandtheilen des Schulsprengels für die Schule zu leistenden Beitrages hat die betreffende Gemeindebehörde zu sorgen, und es finden hiebei die Bestimmungen des Art. V und VI Anwendung.

VIII. Art. — Den wegen unverschuldeter Dienstuntauglichkeit vom Dienste enthobenen Schullehrern ist ein **Unterhaltsbeitrag** zu gewähren, welcher nicht unter 200 fl. betragen darf. Derselbe ist aus Unterstützungsvereinen zu schöpfen, welche in jedem Kreis als Kreisanstalten zu errichten sind. Sämmtliche Schullehrer sind zum Beitritt verpflichtet. Die Satzungen werden nach Vernehmung des Landrathes durch königliche Verordnung festgesetzt. — Die Centralfonds leisten an den Unterstützungsverein jeden Kreises einen im jeweiligen Finanzgesetze festzusetzenden Zuschuß, welcher wenigstens so groß ist, daß nach dem Durchschnitt der vorhergegangenen Finanzperiode auf jeden zu unterstützenden Schullehrer der Betrag von hundert Gulden trifft. Dieser Zuschuß ist an die Unterstützungsvereine der einzelnen Kreise nach Verhältniß der in denselben im Vorjahre unterstützten Schullehrer durch das Staatsministerium des Innern für Kirchen- und Schulangelegenheiten zu vertheilen. — Reicht die Jahreseinnahme eines Unterstützungsvereines mit Ausnahme der dem Stammvermögen einzuverleibenden Eintrittsgelder zur Bezahlung des im Absatz 1 bezeichneten Unterhalts-Beitrages nicht aus, so hat der Landrath aus Kreisfonds das Fehlende beizuschießen. — An den in manchen Orten bestehenden besonderen Pensions- oder Unterstützungskassen, sowie an den in einzelnen Kreisen bestehenden Unterstützungsvereinen wird durch das gegenwärtige Gesetz nichts verändert; jedoch bleibt den Betheiligten vorbehalten, sich mit den als Kreisanstalten zu errichtenden Unterstützungsvereinen durch freiwilliges Uebereinkommen zu vereinigen.

IX. Art. — Gegenwärtiges durch das Gesetzblatt und Kreisamtsblatt der Pfalz zu verkündende Gesetz tritt mit dem 1. Oct. 1862 in Kraft, und werden von diesem Zeitpunkte an die hiemit im Widerspruche stehenden Bestimmungen außer Wirksamkeit gesetzt.

Die Art. V und VII finden auf die Pfalz keine Anwendung.

Gegeben Berchtesgaden, den 10. Nov. 1861.

M a x.

Frhr. v. Schrenk, v. Zwehl, v. Neumayr, Frhr. v. Mulzer, v. Pfeufer, v. Spies.

(Gesetz-Blatt, Nr. 20, 1861.)

General-Sekretär des Staatsrathes:
Seb. v. Kobell.

2. Von der Lehrerversammlung, welche am 27. Dec. v. J. zu **Regensburg** statt fand, wurde die Gründung eines „**bayerischen Volksschullehrer-Vereines**" beschlossen. Die Wahl für den Hauptausschuß fiel auf die Lehrer: Heiß aus Achdorf bei Landshut

(I. Vorstand); **Höchstetter** aus **Fürth** (II. Vorstand); **Tischler** aus **Landshut** (Schriftführer); **Völckel** aus **Nürnberg** (Kassier). Zu Beisitzern wurden gewählt die Lehrer: **Mandl** aus **Weilheim**, **Strauß** aus **Altdorf**, **Sittig** aus **Kirchenlamitz**, **Gerlinger** aus **Straubing**, **Sturm** aus **Stadtamhof**. — Die Versammlung wurde im sog. Lotosaale des Regensburger Rathhauses abgehalten und dauerte von 9 Uhr bis Nachm. 3 Uhr. Zahl der Anwesenden: nahe au 200. Im September 1862 soll die erste Hauptversammlung des Vereines abgehalten werden. Ob zu Nürnberg, oder zu Landshut — wird erst vom Hauptausschusse bestimmt.

3. Die Lehrer von **München** haben Statuten zur Gründung eines „**Kreis-Vereines**" für Oberbayern entworfen, weil, wie sie sagen, „jeder Kreis eine eigene Kreisregierung, einen eigenen Landrath und eigene Pensionskassen hat, und weil man in Kreisangelegenheiten zehnmal zusammentreten, berathen und petitioniren muß, bis nur ein Fall vorkommt, der alle Schullehrer des ganzen Landes im gleichen Maße berührt."

4. Die beiden städtischen Collegien zu **Nürnberg** haben sich in letzter Zeit dahin geeiniget, daß die bereits im vorigen Jahre beschlossene Aufbesserung der Lehrergehalte demnächst ins Leben trete, und zwar zurückdatirend auf den 1. Oct. 1861. — In allen Zahlschulen Nürnbergs soll nun ein **gleichmäßiges Schulgeld** von 30 Kr. monatlich entrichtet werden.

5. (**Der Schulkalender aus Franken.**) Vom „**Schulkalender aus Franken**" ist der zweite Jahrgang — Würzburg bei Kellner, Preis 24 Kr. — erschienen. Derselbe legt durch seinen reichen Inhalt ein rühmliches Zeugniß ab von der Strebsamkeit der fränkischen Lehrer und verdient sowohl aus diesem Grunde, als auch wegen des damit verbundenen wohlthätigen Zweckes (zum Besten der fr. Schullehrer-Unterstützungs-Vereine) allgemeine Verbreitung. Zur Empfehlung fügen wir dessen Inhalt bei: Kalender — das frühere Schulwesen in Franken — Zeitgeschichtliches — Unterstützungs-Vereine — Lebensbilder verdienter Schulmänner — Pädagogisches — Gedichte und Erzählungen — Aehrenlese — Statistisches — Bienenzucht — Gesänge bei Lehrerversammlungen.

6. Nach den letztjährigen Verzeichnissen der K. Militärbehörden vertheilen sich die Conscribirten, welche eine **mangelhafte Schulbildung** besaßen, auf die einzelnen Regierungsbezirke also: **Oberbayern** 10 Proz., **Niederbayern** 30 Pr., **Pfalz** 13½ Pr., **Oberpfalz** 14 Pr., **Oberfranken** 8 Pr., **Mittelfranken** 6½ Pr., **Unterfranken** 7½ Pr., **Schwaben** 5 Pr.

7. Am 5. Jan. d. J. starb zu **Würzburg** im 82. Lebensjahre Herr Hofrath und Professor Dr. **Fröhlich**, langjähriger Vorstand des musikalischen Instituts, das demselben einen weithin verbreiteten Ruhm verdankt.

8. Am 18. Dec. 1861 fand zu **Rüdenhausen** eine freiwillige Schul-Conferenz von Geistlichen und Lehrern statt, bei welcher folgende Gegenstände zur Besprechung kamen: 1) Referat über diejenigen Verhandlungen der diesjährigen Generalsynode, welche auf die Volksschule Bezug haben. (Senior Dr. **Funk**.) — 2) Thesen über den Volksschulunterricht in den Realien, aufgestellt von Lehrer **Ruf** in **Nördlingen**. — 3) Referat über die sich anbahnende Reform der materiellen und socialen Stellung des bayerischen Lehrerstandes, mit besonderer Bezugnahme auf das jüngst beschiedene Gesetz „die Aufbringung des Bedarfs für die deutschen Schulen betreffend" und auf die provisorischen Statuten des projectirten allgemeinen bayer. Lehrervereines. — Hausvater **Blaufuß**.

Briefkasten.

Herrn O. in W. Das Erhaltene ist willkommen. — Freund S. in K. Nach den ganz eigenthümlichen Erfahrungen, welche der Herausgeber im Jahre 1856 gemacht. (— Siehe Schulbl. f. Fr., Decbr. 1856 —) ist es demselben wohl nicht zu verargen, wenn er auf diesem Boden nur langsam vorgeht. — Herrn K. in G. Erscheint nächstens.

Schulblatt für Franken.

Herausgegeben von J. H. Lutz, Schullehrer in Erlangen.

(In Monats-Nummern, halbjährlich für 18 Kreuzer — zu beziehen bei dem Herausgeber, sowie bei allen Postanstalten Deutschlands.)

| VII. Jahrg. | Nr. 3. | März. 1862. |

I. Abhandlungen, Biographien 2c.

1. Die Sonntagsschulen.

(Schluß.)

Vielleicht sieht es mit der Sonntagsschule besser aus, wenn wir sie in Beziehung auf den Lehrer betrachten? — Wollen sehen. Der 6 Tage lang angestrengte, sehr abgemattete, oft ältliche und kränkliche Lehrer soll frisch und froh eine unbändige, rohe Schülerzahl am Sonntage unterrichten! Er kommt vielleicht gerade aus der Kirche, hatte hier den niedern Kirchendienst zu besorgen, den Gesang zu leiten, die Orgel zu spielen, und beim Eintritt in sein Haus wurden bei ihm, „dem Gemeindeschreiber", mehrere Zeugnisse auf Nachmittag abverlangt. Oft wartet schon unter der Kirchthüre der Gemeinde-Vorsteher auf „seinen Gemeindeschreiber", weil er demselben zu eröffnen hat, daß Nachmittags eine Gemeindesitzung abgehalten wird. Bald läutet es für den Nachmittags-Gottesdienst zusammen und die neue Arbeit für den Lehrer beginnt. Aber nach der Kirche ist auch eine Taufe — oft noch eine Krankenkommunion. — Wann soll nun alles besorgt werden? „Doch, es wird ja nicht alle Sonntage so viel für den Lehrer zu thun geben; seine Berufsliebe muß ihn treiben, das Alles zu besorgen; es ist ja sein Geschäft", höre ich Manchen sagen. Ganz recht; wenn er nur nicht auch einen schwachen Körper hätte, wie andere Leute, und wenn nur die Sonntagsschule nicht so viele Anstrengung kostete, so viel Aerger brächte, so viel Unangenehmes böte, so gar wenig die Mühe und Arbeit lohnte! Man denke nur an das Kommen, an das Sitzen, an das Reden und Antworten der Schüler, an ihr Verhalten während des Unterrichts, an ihr Fortgehen 2c.; man denke an die Resultate der jährlichen Schulprüfungen u. s. w. Welchem Lehrer sollte da nicht ein Aerger kommen, wenn er trotz seines Fleißes und seiner Amtstreue betrübende Erfahrungen zu machen hat? — Ich bin Lehrer von ganzem Herzen; aber die Sonntagsschule hat mich noch nie erfreut. Die Roheiten der Sonntagsschüler kennt gewiß jeder Lehrer, er mag auf dem Lande angestellt sein, oder in der Stadt. Sie zu bekämpfen, ist eine schwierige Sache. Hat mir erst jüngst einer meiner früher ganz braven Schüler in barschem Tone gesagt, als ich ihm hieß die Stubenthür zumachen, „Ich mag nicht".

Was halfen da Stockstreiche? Sie erbitterten den ehrgeizigen Buben noch mehr, daß er im Nu, ehe ich mich dessen versah, aus der Stube war und die Stubenthür so hinter sich zuwarf, daß alle Fenster zitterten. Und das Resultat davon war? höre ich Dich, lieber Herr Kollege, fragen, — Er bekam vom Localinspektor im Beisein zweier Gemeinde=Vorsteher einige Ohrfeigen, „weil man sich schämte, diesen Vorgang der Polizei anzuzeigen".

Betrachten wir die Sonntagsschule noch von einer andern Seite! Sind sie wirkliche **Erhaltungs= und Fortbildungs=Anstalten?** Gott bewahre; nichts weniger als das. Alle Jahre geht es mit dem in der Werktagsschule Erlernten weiter herunter. Selbst das Lesen und Schreiben wird schlechter. Das Auswendiggelernte wird vergessen, und auch in den andern Unterrichts=Gegenständen nimmt man ein Nichtmehr= wissen= und Nichtmehrkönnen wahr. Woher kommt dies wohl? Antwort: Von dem lückenhaften Unterriche; von dem wenigen Sinn, den Eltern und Schüler gegen die Sonntagsschule haben; von hunderterlei andern Um= ständen, die in der Sonntagsschule herrschen. — Aus den vielen Ursachen, die unsere Sonntagsschüler „zurückkommen" lassen, führte ich oben den lückenhaften Unterricht an, und dieser ist meines Erachtens ein Haupthin= derniß, warum unsere Sonntagsschulen weder erhalten, noch fortbilden. — Wie so? Es wird blos alle 8 Tage Unterricht ertheilt. Da in vielen Gegenständen zu unterrichten ist, so kommt mancher Gegenstand etwa alle vier oder sechs Wochen daran; was läßt sich da ausrichten? **Das Erste ist vergessen; nun wie fortbauen?** Gebe man einmal einem Hung= rigen — ich denke mir lernbegierige Schüler — heute einen Bissen Brod, in acht Tagen wieder einen, oder erst in 4—6 Wochen wieder einen; ... wann wird wohl dieser Hungrige satt werden? Wollte ein Professor an einer Studienanstalt alle 4—6 Wochen Vorlesungen halten; was lernten die Studirenden? Unsere Sonntagsschuljugend beseelt, wie wir wissen, kein guter Geist für die Sonntagsschule; daher läßt sich bei einem so unterbrochenen Unterricht, er mag sonst so gut sein, als er will, an ein Fortbilden nicht wohl denken.

Fassen wir das bisher Gesagte kurz zusammen, so haben wir die Sonntagsschulen nach ihrem Stand von **Sonst** und **Jetzt** beleuchtet, und wir möchten schließlich (als Resultat des Gesagten) nur noch Einiges über die Zukunft der Sonntagsschulen sagen.

Ein jedes Ding, ein jedes menschliche Werk ꝛc., hat eine Zeit des Entstehens, des Werdens und des Vergehens — und die Sonntagsschule auch. Man braucht gerade kein Prophet zu sein, um die Zukunft un= serer Sonntagsschulen vorher sagen zu können. Sie waren ein Bedürf= niß der Vorzeit, sogenannte Nothschulen; die Vorzeit und gewisse Umstände in ihr haben sie hervorgerufen. Heute gebietet sie die Noth nicht mehr. Man hat sie noch als Anhängsel an die Werktagsschule. Sie werden bald nicht mehr sein; denn unsere „gehobenen" Schulen lei= sten Entsprechendes und an Fortbildungs=und höheren Bildungs=Anstal= ten mangelt es in unserer Zeit nicht mehr. Jeder Stand kann sich aus= und fortbilden; selbst für den Bauer existirt eine landwirthschaft= liche Schule. Für die Jungfrauen haben wir Institute genug. Jedermann kann werden, was er wünscht. Aber, „es muß doch auch der Erziehung

Rechnung getragen werden", höre ich sagen. Ja wohl. Darum ist es nothwendig, daß die Schulzeit für den Werktagsschul=Unterricht um ein Jahr verlängert werde. Das geht nicht, glauben Viele. Aber, warum denn? — Bei Einführung des Fixirungs= und Ablösungs=Gesetzes ꝛc. hieß es auch „Das geht nicht" — und doch ging es. Was einmal zum Gesetz erhoben ist, dem muß sich der Einzelne fügen. Im Jahr 1803 dachte man auch — als die Schulen in Bayern gesetzlich eingeführt worden sind — es gehe nicht; aber es ging. Würden damals statt 6 Jahre 8 oder 9 für den Werktagsschul=Unterricht festgesetzt worden sein, so wüßte man heute gar nicht anders. Aber damals waren für jenen Grad der Bildung nicht mehr als 6 Jahre für nöthig erkannt; heute ist die allgemeine Bildung höher gestiegen und es müssen die Jahre für den Werktagsschul=Unterricht **vermehrt** werden — und die Sonntagsschulen **aufgehoben**, weil in letzteren den Anforderungen der Jetztzeit nicht entsprochen wird. Man profitirt dabei für die Erziehung und für die Bildung. Werden die Kinder erst mit 15 Jahren aus der Werktags= schule entlassen, so ist ihr Verstand reifer, ihr Wille fester und ihre Ur= theilskraft fähiger, zu unterscheiden und zu wählen. Sie gerathen nicht so leicht auf Abwege. Es ist eine harmonische Ausbildung aller Vermögen erzielt und das kann in der Sonntagsschule nicht erzielt werden. — Oft schon war ich traurig, wenn die Confirmation nahte und meine Schüler der 3. Klasse aus der Werktagsschule entlassen wurden. Gerade in die= sem Jahre fingen viele, ja die meisten an, zu denken, zu fassen, zu be= greifen; sie hatten Eifer zum Lernen; alles ging leicht. Ach, dachte ich, hätte ich diese Kinder **noch ein Jahr** in der Werktagsschule, wie weit wollte ich sie bringen! Und gerade diese Schüler kamen in der Sonn= tagsschule zurück, weil sie in derselben **nichts Neues** mehr hörten und sahen. Sie thaten nichts. Ihretwegen konnte ich doch die andern Schü= ler nicht versäumen. Daher bleibt es meine Ansicht: es wird dereinst kommen, daß wir **keine Sonntagsschulen** mehr haben werden, aber eine Werktagsschule, in der die Kinder bis zum **15. Lebensjahre** un= terrichtet — und erzogen werden   B.

(R. S. Nachstehender Aufsatz ist die Erfüllung eines Wunsches, den der Herausgeber des Schulblattes im vorigen Jahrgange (S. 4) ausgesprochen. Das Manuscript liegt bereits seit März v. J. bei uns im Pulte, weil mittlerweile Aufsätze über verschiedene Zeitfragen ihm den Raum streitig machten. — Wenn nicht einer unserer geehrten Leser uns zuvorkommt, gedenken wir dieses Thema in einer der folgenden Nummern nochmals aufzugreifen).   L.

2. Schulzwang und Züchtigungsrecht.

1) Der **Schulzwang** gehört zu denjenigen Bedingungen, ohne welche der Schulzweck nicht erreicht werden kann. — 2) Genau genom= men gibt es nur ein Hinderniß, die Schule zu besuchen, nämlich **Krank= heit**. — 3) Familien= und Ortsverhältnisse statuiren jedoch auch Ver= säumnisse wegen Krankheit der Aeltern, wegen ungestümer Witterung und wegen schlimmer Wege. Die Verordnung darüber v. 20. August 1811 lautet: „a) **Krankheit der Aeltern, wenn diese in Ermangelung anderer Personen der Pflege ihres Kindes bedürfen;**

b) ungestüme Witterung und schlechte Wege bei Kindern, deren Wohnung zu weit von der Schule entfernt liegt." — 4) Andere Fälle müssen dringend sein, wenn sie entschuldigen sollen. — 5) Gewissenhafte Vertreter der Jugend betrachten die Sache nur von diesem Gesichtspunkte aus, erleichtern also das Wegbleiben von der Schule nicht, sondern erschweren vielmehr die Versäumnisse. — 6) Die nächsten Vertreter der Jugend sind die Aeltern, die Pflegeältern, die Vormünder, die Dienst= und Lehrherren und die Schullehrer. — 7) Letztere haben ihre bestimmten Vorschriften. Eine Verordnung der königlichen Regierung von Mittelfranken vom 26. Februar 1859 spricht sich hierüber also aus: „der Schullehrer soll in der Regel einem Schüler seiner Schule die Erlaubniß zum Ausbleiben aus der Schule nicht ertheilen, damit in dem Unterrichte keine Störung erfolgt. In dringenden Fällen soll ihm jedoch gestattet sein, eine Dispensation auf einen Tag zu ertheilen." — 8) Je nach dem Falle des Ausbleibens ist vor dem Beginne des Unterrichts entweder einfache Anzeige zu erstatten, oder die Bitte um Dispensation anzubringen. Wer eine Bitte unterläßt, oder wer eine Anzeige macht, die auf Unwahrheit beruht, zahlt nach der Verordn. v. 1811 für einen Werktagsschüler 2 kr., für einen Sonntagsschüler 4 kr. Strafe. — 9) Das neue Polizeistrafgesetz geht noch weiter. Es bestimmt im 107. Artikel Folgendes: „Mit Arrest bis zu 3 Tagen oder bis zu 10 fl. werden Aeltern . . . . . gestraft, welche ohne genügende Entschuldigung beharrlich unterlassen, ihre schulpflichtigen Kinder . . . . . zum Schulbesuche anzuhalten . . . ." Arrest bis zu 3 Tagen kann auf Antrag der Schulbehörde gegen diejenigen erkannt werden, welche aus eigenem Verschulden den Besuch der Sonntagsschule . . . . fortgesetzt versäumen . . . ." Der 2. Absatz des Artikels 224 laut vollständig: „Gleicher Strafe (bis zu 10 fl.) unterliegt, wer zur Hut schulpflichtige Kinder mit Versäumung ihrer Schulpflicht verwendet." — 10) Diejenigen Vertreter der Jugend nun, denen die Schule besonders im Sommer hindurch eine geringfügige, gleichgiltige, oder verwünschte Sache ist, obgleich in dieser Zeit der Unterricht für eine Klasse in der Regel nur 2 Morgenstunden dauert, treffe die gerechte Strafe zur Besserung; denn ohne unausgesetzten Schulbesuch kann der Schulzweck durchaus nicht erreicht werden. — 11) Da der Volksschullehrer Vaterstelle (also die Stelle des Erziehers) in der Schule vertritt, so hat er auch Vaterrechte. — 12) Zu diesen Rechten zählt man mit gutem Grunde **das Recht der körperlichen Züchtigung** bis zum Anfange der körperlichen Reife — in der letzten Zeit der gegenwärtigen Werktagsschulpflichtigkeit. — 13) Die körperliche Züchtigung wird aber nur dann angewendet, wenn erlaubte Reizungen und Vorstellungen, angemessene Belehrungen und Ermahnungen, ernste Warnungen und Drohungen (je nach dem Alter und der Bildungsstufe des Schülers) fruchtlos sind. — 14) Nach dem Urtheile Sachverständiger ist die hohle Hand der ungefährlichste Platz zur Schmerzempfindung, und das beste Mittel zur Strafvollziehung ist eine kurze, glatte Ruthe, welche als Warnungszeichen immer bereit liegen muß. — 15) Die Züchtigung wird am besten unmittelbar nach dem Ausspruch vollzogen und nöthigenfalls durch Verdoppelung der Schläge geschärft. — 16) **Heilsam wirkt dir Züchtigung, wenn sie mit Ruhe und Ernst und auf Grund des belehrenden Satzes vollzogen wird:** „Wer nicht hören will, muß fühlen"; **schädlich wirkt sie bei Zorn und Hohnlächeln und ungeeigneten Bemerkungen des Vollziehers.** — 17) **Der denkende Lehrer sucht seine Schüler genau kennen zu lernen und dann solche Einrichtungen zu treffen, welche die körperliche Züchtigung zu einer seltenen machen; der leidenschaftliche Lehrer aber straft zu seinem und zu der Kinder Schaden oft und unbedacht.** — 18) **Die Ministerialentschließung vom 30. Juli 1857 räumt dem Lehrer zwar das Recht der körperlichen Züchtigung ein und nimmt ihn durch die vorgesetzten Schulbehörden in Schutz; allein dieser Schutz hat seine Grenzen. Der strafende Lehrer soll daher immer auch ein bedächtiger sein und nie vergessen, daß er in dem einen oder in dem andern Fall wohl schwer verletzen, aber nicht mehr heilen kann.** — 19) Schließlich muß noch bemerkt werden, daß die körperliche Züchtigung auch als Disciplinarstrafe in allen Strafanstalten und Gefängnissen **unbedingt ausgeschlossen ist.** Strafgesetz Art. 24, Abs. 1.

Warzfelden. G. Oertel.

II. Lesefrüchte, Allerlei.

1. (**Worte des Friedens**). Bei der am 8. Oktober 1861 zu Gnadau (preuß. Prov. Sachsen) abgehaltenen großen **Pastoral-Conferenz** stand am Nachmittage des ersten Conferenztages die Besprechung des „Verhältnisses des Pastors zu seinem Schullehrer" auf der Tagesordnung. Referent war der Consistorial- und Schulrath Bieck aus Erfurt. — Sein Vortrag ging von dem Satze aus, daß die Klage, die geistlichen Inspektoren thun ihre Schuldigkeit an der Schule nicht, auch in Bezug auf die gläubigen Geistlichen berechtigt sei. Man habe diese Klage zu Herzen zu nehmen und sich zu prüfen. Zu letzterem Zwecke habe man sich vorzuhalten, welches das richtige Verhältniß des Pastors zum Lehrer sei. Dasselbe sei:

A. ein **gesetzlich regulirtes**, und ergebe sich

1) aus dem Verhältnisse der Kirche zur Schule. Da habe der Pastor Acht auf die Lehre der Schule, ob dieselbe evangelisch, kirchlich oder nicht ꝛc., auf die Zucht, ob christlich ꝛc.; ferner darauf, daß keinem Kinde Zucht und Lehre entgehe (Schulbesuch ꝛc.); endlich auf das Aeußere der Schule, daß es anständig und würdig sei ꝛc.

2) Ergebe sich das richtige Verhältniß des Pastors zum Lehrer aus der Stellung des Pastors zum Staate. Der Erstere habe als Diener des Staates dazu mitzuhelfen, daß der Letztere seine Absicht, das Volk zu unterrichten, erreiche. Dabei solle weder Staat und Kirche, noch Kirche und Schule geschieden werden. Der Pastor habe als Organ des Staates zur Schulaufsicht a) jedem einzelnen Unterrichtszweige, nicht bloß dem Religionsunterrichte, eingehende Beachtung zu widmen ꝛc. b) Der Pastor habe dafür zu sorgen, daß die Regulative richtig

verstanden und ausgeführt würden. c) Der Pastor habe dahin zu wirken, daß durch die Schulzucht: Gehorsam, Verträglichkeit, Gerechtigkeit und jede bürgerliche Tugend geweckt und gepflegt werde.

B. Das Verhältniß des Pastors zum Schullehrer sei aber nicht nur ein **gesetzlich regulirtes**, nicht nur das des Befehlenden zum Gehorchenden, des Vorgesetzten zum Untergebenen, sondern auch — und gerade **hier** liege der Schwerpunkt — der Lehrer sei ein **Gehilfe** und **Mitarbeiter des Pastors**, ein auch von dem **Herrn** berufener Diener des Evangeliums. Und in dieser Beziehung sei zwischen Beiden kein Rangunterschied. Der Lehrer müsse von dem Pastor als erster **Diakon** betrachtet werden, auch wo irgend möglich Mitglied des Gemeindekirchenrathes sein. — Nicht alle Schullehrer seien würdige Mithelfer des geistlichen Amtes. Habe aber der Pastor einen rechten Lehrer, so habe er an demselben einen **großen, unbezahlbaren Schatz**, für den er „Gott auf den Knien danken" sollte. — Ein junger oder neu eintretender Pastor könne sich bei dem älteren Lehrer viel Rath holen, sich über die Verhältnisse der Gemeinde durch denselben orientiren lassen ꝛc. Man klage oft über seine Lehrer; aber mancher Lehrer gehe unter, weil der Pastor an ihm seines seelsorgerischen und helfenden Amtes nicht gewartet habe.

Der Pastor sei auch ein **Mithelfer des Lehrers**. Als solcher solle er für den Lehrer fleißig beten, den Lehrer fleißig in der Schule besuchen — aber auch nicht gar zu oft —; wenn es nöthig ist, beim Unterrichte helfen (z. B. in Krankheitsfällen, oder um einem jungen Lehrer dies und jenes zu zeigen ꝛc.). Nie dürfe aber die Mitbetheiligung des Pastors am Unterrichte zu einer **unzarten Correktur des Lehrers vor den Kindern** werden, nie der Pastor den Lehrer unterbrechen, verwirren oder gar öffentlich tadeln. Ein junger Pastor lerne von einem tüchtigen Lehrer durch fleißiges Zuhören die praktische Pädagogik, welche die Universität ihn nicht lehren konnte. —

Der Pastor rede, wo sich eine gute Gelegenheit findet, bei den Eltern ein passendes Wort zu Gunsten des Lehrers und der Schule; er sei dem Lehrer zu seiner weiteren Fortbildung behilflich; sei es durch Darreichung guter Schriften über Gegenstände, welche den Lehrer interessiren, sei es durch belehrende, freundliche Unterhaltung. — Der Pastor vertrete die Rechte des Lehrers gegen jeden Eingriff, er komme, von welcher Seite er wolle, und sei der erste und aufrichtigste Theilnehmer der Freuden und Leiden des Lehrers, auch der häuslichen. Besonders sei ein Punkt hier mehr zu berücksichtigen, als bisher in der Regel geschehen sei. Die äußere Lage des Lehrers sei oft den Bedürfnissen nicht entsprechend. Es sei aber für einen anständigen Mann sehr drückend und peinigend, bei der Behörde um Verbesserung einzukommen und seine Bedürftigkeit durch Enthüllung seiner Verhältnisse nachzuweisen. Da müsse der Pastor ein offenes Auge und ein Herz haben; müsse es gar nicht dahin kommen lassen, daß der Lehrer selbst ein Gesuch um Verbesserung einzureichen brauche, sondern in der Stille für seinen Lehrer einkommen ꝛc. — Der Redner schloß mit der Hinweisung auf das Wort der Schrift: „So wir sagen, wir haben keine Sünde, so betrügen wir uns selbst ꝛc., und sagte noch, es sei nur halb wahr, daß wer die Schule habe, auch die Zukunft habe. Das dagegen sei ganz wahr: „**Wer die Schule nicht hat, der hat auch die Zukunft nicht.**"

Während der hierauf stattfindenden Diskussion ließ sich aus der ganzen Versammlung keine einzige Stimme vernehmen, die eine andere Tonart hätte angeben wollen. Nur gegen die Mitgliedschaft des Lehrers im **Gemeindekirchenrathe** erhob sich ein vereinzeltes Bedenken; dasselbe wurde aber zurückgewiesen, u. A. auch durch den Präsidenten v. Gerlach, der in dieser Beziehung für die Lehrer sprechende Erfahrungen gemacht hatte. Consistorialrath **Hennecke** erörterte sodann noch zwei im Vortrage berührte Punkte näher. Zuerst zeigte er, welche Verstöße hie und da unter Mitwirkung der Inspektoren noch **auf die Lektionspläne** kämen; sodann gab er eine Anweisung, wie es der Pfarrer anzufangen habe, mit dem Lehrer in **Friede und Freundschaft** zu leben. Dabei beschrieb er mit wenigen, aber treffenden Zügen, wie das Feuer der Zwietracht zwischen Pfarr= und Schulhaus angezündet werde (zuweilen durch **Mägde=, Kinder= und Frauengeschwätz**, das kein verständiger Mann, am allerwenigsten ein Geistlicher, anhören dürfe). Genährt werde es dann durch **Papier**, d. i. durch **Briefe von der Pfarre nach der Schule und umgekehrt, und durch Berichte nach oben.** — **Mann gegen Mann, Auge gegen Auge** sei bei Mißhelligkeiten immer das **beste** Mittel gegen Vergrößerung und Ausbreitung der Flamme.

Der Berichterstatter über diese Conferenz (in Ballien's „evangelischer Volksschule") fügt bei:

„Uns Lehrern steht solcher Erscheinung gegenüber nichts besser an, als daß wir ein Jeder für sich recht eingehend darüber nachdenken, was wir unsrerseits zu thun haben, damit auch das Verhältniß des Lehrers zum Pastor ein richtiges sei und bleibe. Es ist in diesem Punkte viel gesündigt worden, nicht blos drüben, sondern auch hüben. Thut man auf Seiten der Geistlichen einen Schritt zum Bessern, so erfordert es unsere Standesehre, daß wir Lehrer auch nicht zurück bleiben. Denn das ist wahre Ehre, sich von Niemand im Guten übertreffen zu lassen". — Wir unterschreiben diese letzten Zeilen aus vollem Herzen.
L.

2. (**Anzeige.**) Gleichsam als Fortsetzung der von mir bei Körner in Erfurt erschienenen „Orgelstücke, zunächst für das Bedürfniß des Gottesdienstes auf dem Lande bestimmt, op. 35" beabsichtige ich auf dem Subscriptionswege unter dem Titel:

„**Der praktische Landorganist**"

ein neues Werk zu veröffentlichen, das sich insbesondere den Organisten auf dem Lande nützlich erweisen möchte. Alljährlich soll 1 Heft zu 3 Bogen oder 24 Seiten excl. Titelblatt ausgegeben werden, das neben allgemeinen und speziellen, längeren und kürzeren Präludien in den gebräuchlichen Tonarten — jedoch von höchstens 24 Takten im Umfang — auch immer einige Nachspiele enthalten wird. Die einzelnen Hefte erscheinen broschirt, nach Format, Druck und Papier gleich dem besonders unter dem fränkischen Lehrerstande sehr beliebt gewordenen und fleißig gebrauchten „Album für Orgelspieler I. Jahrg." (In Commission bei Buchner in Bamberg. Den II. Jahrg. erhalten die Herren Subscribenten im Laufe dieses Frühjahrs. Diese Bemerkung gelte zugleich als **allgemeine Antwort auf die in dieser Beziehung gemachten Anfragen**). — Der Preis eines jährlichen Heftes beträgt nur 18 kr. — ein Preis, der das zeitraubende und oft fehlerhafte Abschreiben völlig überflüssig macht, während das Werk den Herrn Subscribenten den besonderen Vortheil einer bezüglich des Raumes zweckmäßig vertheilten und korrekten, sofort praktisch verwendbaren Sammlung bietet. Der Preis wurde deshalb so ungemein billig gestellt, um jedem **Lehrer die Anschaffung des Werkes zu ermöglichen. Das erste Heft liegt bereits als Manuscript fertig vor mir.** Die Vorspiele sind meist thematisch behandelt, und sie beginnen, nur ein Paar Nummern ausgenommen, welche **in tieferer Stimmlage** einstimmig anfangen, sämmtlich **mehrstimmig**, da mir im Allgemeinen ein einstimmiger Anfang bei der Beschaffenheit der meisten Landorgeln nicht als empfehlenswerth erschien, und ich dieselbe Ansicht schon **von Seite sehr vieler meiner Collegen** bestätigt fand.

Um aber den Herrn Abnehmern gewissermaßen Garantie für meine Befähigung zur zweckmäßigen Ausführung des besprochenen Werkes zu bieten, erlaube ich mir, denselben einige Beurtheilungen der von mir bis jetzt erschienenen Orgelcompositionen, wie sie mir eben zur Hand sind, vorzuführen:

In der Zeitschrift: „**Die evangelische Volksschule**", herausgegeben von **Ballien, Band III., Heft II. „Theodor Krauß, Orgelstücke."**

„Die vorliegenden Compositionen, kurze Vorspiele, Choralfigurationen bis zum längeren Nachspiel, zeichnen sich aus: 1) durch **Einfachheit des Satzes**, so daß dieselben zur Ausführung keine ungewöhnliche Fertigkeit im Orgelspielen erfordern, und dem musikalischen Verständniß keine Schwierigkeiten darbieten; 2) dadurch, daß dieselben **auf jeder Orgel zu spielen sind**; nur wenige Stücke erfordern 2 Manuale; 3) dadurch, daß dieselben **keine musikalischen Schmierereien sind, sondern wirkliche Compositionen mit Durchführung eines musikalischen Gedankens.** Obwohl die Proben von op. 6 bis op. 29 führen, so findet sich doch nirgends etwas **Triviales**, nirgends Wiederholung und das ist besonders Folge des ad 3 hervorgehobenen ꝛc.

Damit seien die Compositionen allen orgelnden Lehrern in bester Ueberzeugung empfohlen."

(In ähnlicher anerkennender Weise spricht sich auch der „**päd. Jahresbericht**", herausgegeben von **Lüben** (Jahrg. 1859 u. 1860) über die Compositionen des Unterzeichneten aus.)

Ich bemerke noch, daß außer den von mir in Langensalza erschienenen Orgelstücken (I—IX. Heft) noch folgende bis jetzt veröffentlicht wurden:
    a) 18 Vor- und Nachspiele. op. 22. Nürnberg. Verlag der Phil. Raw'schen Buchhandlung (C. A. Braun). 1859,
    b) 18 Vor- und Nachspiele. op. 31. Ansbach. Verlag der Fr. Seybold'schen Buchhandlung. 1860.

Die **Einladungen zur Subscription auf das I. Heft des praktischen Landorganisten werden demnächst ausgegeben werden, und bitte ich noch schließlich um recht zahlreiche Unterschriften.**

Geckenheim, den 14. Januar 1862.

                                                     Theodor Krauß.

Briefkasten.

Herrn V. in E. Wird baldmöglichst Aufnahme finden. — Freund K. in G. Die Anzeige konnte beim besten Willen nicht **vollständig** aufgenommen werden. Wir müssen nach dem Grundsatze handeln: Nur wer **Mehrerlei** bringt, „wird Manchem etwas bringen". Für das Andere den besten Dank!

Im Selbstverlage des Herausgebers. — Druck der K. E. Junge'schen Universitätsbuchdruckerei.

Schulblatt für Franken.

Herausgegeben von J. H. Lutz, Schullehrer in Erlangen.

(In Monats-Nummern, halbjährlich für 18 Kreuzer — zu beziehen bei dem Herausgeber, sowie bei allen Postanstalten Deutschlands.)

VII. Jahrg.   Nr. 4.   April. 1862.

I. Abhandlungen, Biographien ꝛc.

Beitrag zur Charakteristik Christ. Heinr. Hohmann's, gewesenen Seminar-Musiklehrers zu Schwabach *).

(Von seinem dankbaren Schüler Theodor Krauß.)

Als im Mai v. J. die Nachricht von Hohmann's Tod die Lehrer Frankens wie ein Blitz aus heiterem Himmel überraschte, da fühlte der Unterzeichnete, der zu dem Vollendeten in sehr freundschaftlichem Verhältnisse stand, so etwas wie Verpflichtung in sich, über H's Leben, Wirken und Charakter Einiges in diesem Blatte zu veröffentlichen. Allein nach einiger Ueberlegung entschloß er sich, dieses Geschäft vorerst kundigeren Federn zu überlassen. Es sind nun auch seitdem in verschiedenen Zeitschriften biographische Mittheilungen über H. gemacht worden; aber sie alle bewegen sich nach meiner Ansicht in einem zu engen Rahmen. Wie nämlich der plastische Künstler oft nur weniger Züge und Striche bedarf, um der von ihm darzustellenden Gestalt das eigenthümliche Gepräge aufzudrücken: so wird auch der Sprachkünstler, der Schriftsteller, bei der Schilderung einer bedeutenden Persönlichkeit niemals gänzlich der Hereinziehung von Thatsachen und charakteristischen Zügen aus dem Leben und Wirken derselben entrathen können, wenn anders die Portraitirung eine entsprechende, das Original richtig kennzeichnende werden soll. — Ich will nun hier auf Grund vieljährigen persönlichen und schriftlichen Verkehrs mit dem Vollendeten versuchen, das in diesem Blatte und auch anderwärts bereits gezeichnete Bild H's. noch näher zu beleuchten und dadurch zu vervollständigen; vielleicht lassen sich hiedurch noch mehr Freunde desselben zur Lieferung von derartigen Bausteinen bestimmen, mit deren Hilfe etwa später die Verabfassung und Veröffentlichung

*) Wir mittelfränkischen Lehrer hatten im Vorjahre den Verlust von zwei musikalischen Notabilitäten aus unserer Mitte zu beklagen: den Verlust Hohmann's und Gackstatter's in Rothenburg. In Bezug auf Leben und Wirken des letzteren wäre es gewiß sehr anerkennenswerth, wenn einer seiner näheren Bekannten einige Mittheilungen in unser Schulblatt einrücken lassen wollte.

einer ausführlicheren Lebensbeschreibung des Verewigten ins Werk gesetzt werden könnte.

Hohmann war von mittlerer Größe und zierlicher Gestalt. Seine Gesichtsfarbe war bleich, die Nase etwas hervorstehend, das Haar dunkelblond, später etwas mit Grau vermischt; die blauen Augen hatten einen milden, gewinnenden Ausdruck. Es übte einen unbeschreiblichen Reiz auf den befreundeten Besucher aus, wenn ihm H., freundlich lächelnd, mit der einfachen Begrüßung: „Willkommen!" entgegenkam. — Sein zarter Körper konnte keinerlei Extravaganzen im Essen und Trinken vertragen. Demzufolge lebte er sehr einfach*) und genoß, wenn er Unterhaltung aufsuchte, stets nur ein Paar Glas Bier; ja keine noch so fröhliche Gesellschaft konnte ihn veranlassen, das gewohnte Maß zu überschreiten.

In Gesellschaft hörte er mehr zu, als er selbst redete. Gewöhnliches Wirthshausgespräch war ihm in der Seele zuwider und konnte ihn sichtlich verstimmen. Ein Mann des Denkens konnte er nur in einer geistig anregenden Unterhaltung Befriedigung finden. Kam daher ein Gegenstand von allgemeinerem Interesse im Verlaufe des Gespräches auf's Tapet, so leuchtete sein mildes Auge freundlich auf, und er sprach dann seine Meinung, wenn auch in ruhiger und überlegter, so doch in entschiedener Weise aus. Denn einestheils lag es nicht in H's. Art, anders erscheinen zu wollen, als er wirklich war; Heuchelei und Schmeichelei waren ihm fremd — anderntheils hatte er ein sehr ausgebreitetes, gediegenes Wissen, das ihn wohl berechtigte, sich an jedem Gespräche zu betheiligen, welcher Art es auch sein mochte. Er war ein geistig sehr begabter, hochgebildeter Mann.

Wie es bei bedeutenden Persönlichkeiten nicht selten vorkommt, daß sie auf Aeußerlichkeiten nicht viel merken, so war es auch bei H. der Fall. Man sah es ihm nicht an, welche reiche geistige Kraft in ihm wohnte, und wie sein Geist in ununterbrochener Thätigkeit war. Seine Kleidung war höchst einfach, und sein äußeres Auftreten im höchsten Grade bescheiden — ich möchte fast sagen: zu bescheiden. Arbeitete er an einem neuen Werke, so begleitete ihn der Gedanke an dasselbe überall hin, und es kam dann öfters vor, daß er alles Andere, auch mitten in der lebhaftesten Gesellschaft, um sich her vergessen konnte. Ueberhaupt hatte H. einen wahrhaft riesenhaften Fleiß, und ich erinnere mich aus der Seminarzeit her, daß er bis Mitternacht in seinem Geschäftszimmer arbeitete, während er seinem schwächlichen Körper nur wenig Ruhe und Erholung gönnte. Er hatte nämlich bei seiner Anstellung am Seminare im J. 1844 nicht bloß den Musik-, sondern auch den Rechenunterricht in beiden Kursen überkommen; den letzteren mußte er viele Jahre ertheilen, bis vor ungefähr 6 Jahren dem neuangestellten 3. Seminarlehrer, Herrn Lang, dieser Unterrichtszweig zugetheilt wurde. Nach seiner Anstellung bestand H's. Hauptaufgabe darin, sich behufs des Unterrichts in den ihm zugewiesenen zwei Hauptfächern besondere

---

*) Hohmann hatte überhaupt keine besonderen Bedürfnisse; so z. B. rauchte, schnupfte und spielte er nicht.

Lehrgänge zu entwerfen; und mit welcher Klarheit, Gründlichkeit und Selbständigkeit geschah dies von ihm! Alle seine im Druck erschienenen Lehrgänge und Schulen sind auf die den Seminaristen gehaltenen mündlichen Vorträge basirt. —

Von Obscuranten und Pharisäern war H. kein Freund; er selbst blieb unter allen Umständen seiner Gesinnung getreu, und war keiner von denen, die ihren Mantel gern nach dem Winde hängen. Sein Charakter glich der Magnetnadel, die immer nach Einer Richtung zeigt. Man konnte von ihm sagen, wie es in dem bekannten Gedichte: „Der Ritt in das gelobte Land" von jenem schwäbischen Ritter heißt:

> „Der wack're Franke forcht sich nit,
> Ging seines Weges Schritt für Schritt."

Als echter Pädagoge, der seinen Beruf mit vollem Ernst er- und mit andauernder Liebe umfaßte, konnte er weder dem Princip der Stabilität, noch viel weniger einer retrograden Richtung huldigen; auf seinem hochgeschwungenen Paniere stand mit Flammenzügen die Parole: Fortschritt! Davon legen alle seine Werke glänzendes Zeugniß ab; denn mit jeder neuen Auflage erschienen sie in veränderter, verbesserter Gestalt. —

H. hatte ein herrliches, tiefsinniges Gemüth; er war durch und durch eine edle Seele, ein liebenswürdiger Mensch; sein Herz wußte nichts von Feindschaft, Neid, Mißgunst und kleinlicher Eifersucht. Zeugniß von seinem edlen, keinen Haß kennenden Herzen möge folgender Zug ablegen. Als Körner in Erfurt — der, nebenbei gesagt, in der Regel nur seine eigenen Verlagswerke mit mächtigen Trompetenstößen, mit hochtönenden Lobesphrasen in die Oeffentlichkeit einführt, andere dagegen nicht selten in den Hintergrund zu drängen bemüht ist — vor einigen Jahren H's. Orgelschule in der „Urania" in sehr ungünstiger, ja geradezu beleidigender Weise beurtheilt hatte, ließ ich mir, voll Entrüstung über solche Ungerechtigkeit, H. gegenüber merken, daß ich Willens sei, gegen jene hämische Kritik öffentlich aufzutreten. H. aber entgegnete mir in aller Gemüthsruhe: „Thun Sie mir den Gefallen und schreiben Sie nichts dagegen; dieses Urtheil richtet sich selbst, es schaut die Spekulation zu sehr daraus hervor."

Sein einfaches, treues und biederes Gemüth behielt H. auch inmitten des ausgebreitetsten Rufes, dessen er genoß, inmitten der ehrenvollsten Anerkennungen, die seiner unermüdlichen und erfolgreichen Thätigkeit von allen Seiten gespendet wurden.

Seine allzu große Güte hinderte aber manchmal H., sich zu jener Energie aufzuraffen, die mißbrauchenden Zöglingen gegenüber zuweilen am rechten Platze gewesen wäre. Ich könnte hier auch eine passende Episode aus meiner Seminarzeit einschalten, die zugleich Beweis dafür zu liefern im Stande wäre, mit welch inniger Liebe alle Zöglinge der Anstalt an H. hingen. Vielleicht giebt sich später einmal Gelegenheit, diesen Vorfall zu erzählen. H. that keinem Seminaristen wehe, und hatte ihn ja ein solcher durch Ungehorsam und Starrsinn erzürnt oder beleidigt, so daß er diesem einige strenge Worte sagen mußte, was ihm gewiß schwer genug fiel, so hatte er doch bald wieder die ganze Geschichte vergessen und behandelte den Treffenden hernach, wie zuvor. Es ist mir auch kein einziges Beispiel bekannt, daß er jemals einen Zögling durch Anzeigen bei der Seminar-Inspection in Strafe gebracht hätte.

Wie H. selbst ein sehr strebsamer Mann war, so interessirte es ihn auch sehr, wenn einer seiner gewesenen Schüler mit eigenen Geisteswerken den Markt des öffentlichen Lebens betrat. Er unterstützte einen solchen mit Rath und That, und gerade ich bin ihm in dieser Beziehung unendlichen Dank schuldig. Schon im Seminar gab er mir besondere contrapunktische Aufgaben zur Bearbeitung, und setzte dies auch nach meinem Austritt aus der Anstalt fort, so daß ich bis zu seinem all zu frühen Scheiden im lebendigsten Verkehre mit ihm stand. Als ich später mit meinen Compositionen vor die Oeffentlichkeit trat, erholte ich mir lange Zeit fort immer zuvor sein Urtheil. Dieses war in der Regel in so zarter Weise gehalten, daß auch der Tadel niemals verletzen konnte. War etwas nach seiner Ansicht nicht strenge genug gearbeitet, so sagte er in der Regel: „Ich meine, die Stelle möchte so oder so besser sein; doch überlasse ich das Ihrer nochmaligen Prüfung." Man wußte dann schon, woran man war, und verbesserte die fragliche Stelle. Fand er ein Werk gut, so hatte er für dasselbe uneingeschränktes Lob. — Kamen ihm günstige Beurtheilungen von Werken eines gewesenen Schülers in öffentlichen Blättern zu Gesichte, so war er vollends davon entzückt. Als sich vor einigen Jahren in dem von Ballien herausgegebenen pädagog. Journal „Die evangelische Volksschule" (Band III., Heft II.) ein Recensent sehr anerkennend über meine Orgelcompositionen aussprach, schickte mir H. sofort die treffende Recension in Abschrift durch die Post zu, weil er dachte, dieselbe könne mir entgehen. Charakteristisch ist in dieser Beziehung auch, was er mir unterm 3. Nov. 1856 schrieb: „Bezüglich Ihrer Orgelsachen theile ich Ihnen mit, daß ich dieselben seit Beginn dieses Semesters fast ausschließlich spielen lasse. Der I. Curs hat seither op. 9 eingeübt; der II. Curs op. 6, hat aber auch mit op. 9 begonnen. Sie machen mir und den Seminaristen viele Freude. Lassen Sie mir bald die Fortsetzung zukommen." Als ich mit H. die Herausgabe des „Albums für Orgelspieler" besprach, interessirte er sich nicht wenig für das Unternehmen, und sagte mir auf meine Bitte mit der freundlichsten Bereitwilligkeit seine Mitwirkung zu. Noch kurz vor seinem Tode bezeichnete er mir aus seiner Orgelschule diejenigen Stücke, welche er zur Aufnahme in den demnächst erscheinenden II. Jahrg. des Albums für passend erachtete. — Es wird daher gewiß nicht auffallen, wenn ich hier bemerke, daß ich H. wie meinen leiblichen Vater, dem er auch herzlicher Freund war, liebte und verehrte, und daß ich mich veranlaßt sah, ihm nicht nur mein erstes Orgelwerk zu dediciren, sondern auch alle andern nachfolgenden in Druck erschienenen Compositionen für Cavier, Gesang und Orgel sofort nach ihrem Erscheinen zuzusenden. Dagegen beschenkte er auch mich mit seinen Werken; das liebste Erinnerungszeichen an ihn aber ist mir sein wohlgetroffenes Bild, mit dem er mich voriges Jahr überraschte. Ist ein Bild auch immerhin nur ein geringer Ersatz — es ist doch eine stete Erinnerung an ein dahingeschiedenes, treues Herz. Das genannte Bild (Lithographie) ließ H.

auf Veranlassung einer amerikanischen Musikalienhandlung anfertigen, da in Amerika seiner Violin= und Clavierschule das Portrait vorgeheftet wird.

Wenn wir sagen, daß hoher sittlicher Ernst eine der hervorragenden Eigenschaften H.'s war, so soll damit nicht ausgesprochen sein, daß er etwa ein Feind von fröhlichen Menschen, oder ein trauriger Pedant gewesen sei. Er konnte manchmal auch recht herzlich lachen und scherzen; nur zeigte sich sein Vergnügtsein meist in nicht so übersprudelnder Weise, wie dies bei vielen andern Menschen der Fall ist. Zeugniß dafür, daß er kein freudenverschmähender Hypochondrist war, mögen seine in früheren Jahren herausgegebenen zwei großen, sehr hübschen Walzer für Pianoforte ablegen. — Ferner erinnern sich die Seminaristen aus früherer Zeit gewiß noch mit Vergnügen der schönen Märsche, die H. für Blechmusik schrieb, und die immer bei größeren Ausflügen, namentlich bei den „Pfingstreisen" geblasen wurden. — H. war ein gewandter Clavier=, Orgel= und Violinspieler; außerdem spielte er auch alle übrigen Holz= und Blechinstrumente. Zur Instruktion für die Seminaristen schrieb er sogar für jedes einzelne Instrument eine besondere praktische Anleitung. Diese Schulen müssen noch im Manuscripte vorhanden sein; sie wurden zu meiner Zeit (1844—46) im großen Musikschranke aufbewahrt.

H.'s Compositionen tragen alle einen bestimmten Typus an sich; man findet sie ohne große Mühe aus andern heraus, wie man auch Spohr'sche, Mendelssohn'sche 2c. Musik sogleich nach Anhörung von nur wenigen Takten erkennt. Es ist dies kein Mangel, sondern gibt vielmehr Zeugniß von selbständiger, ureigener schöpferischer Kraft, die des Anlehnens an den Genius eines Andern nicht bedürftig ist.

H.'s Musik war einfach, natürlich und darum leicht faßlich; man konnte nichts Triviales, Geschraubtes, Eckiges, Pedantisches und Erkünsteltes in ihr entdecken, so wenig als an ihm selbst. So herrschte zwischen seinem äußeren und inneren Wesen die vollkommenste Harmonie. — Wenn von einer Seite her behauptet wird, H. habe mehr für das Mathematische, als für das Seelenvolle, Melodiöse in der Musik Sinn gehabt, so müssen wir nach unseren Erfahrungen diese Ansicht als eine irrige bezeichnen. Jene Ansicht wird widerlegt:

a) Durch H.'s Orgelcompositionen, in denen er in entsprechender Weise das Melodiöse mit dem Thematischen zu vereinigen wußte, während man gerade bei dieser Gattung von musikalischen Erzeugnissen leicht Gefahr läuft, trocken und langweilig zu werden;

b) durch die in H.'s „Praktischem Lehrgang für den Gesangsunterricht in Volksschulen" enthaltenen Kinderlieder eigner Composition, welche, eben weil sie von Herzen kamen, auch wiederum zum Herzen sprachen. Manche derselben sind wegen ihrer schönen, einfach=natürlichen, volksthümlichen Weise in andere Sammlungen übergegangen, ohne daß dabei der Name des Verfassers genannt wurde. Vgl. hierüber Euterpe, 1861, Nr. 8 ff., den Artikel von Dr. Fölsing.

c) Durch die wenigen von H. vorhandenen (in dem von ihm herausgegebenen „Liederboten aus Franken" abgedruckten) Chorgesänge für Männerstimmen, die von den Seminaristen bei Spaziergängen und anderen Veranlassungen wegen ihrer kernigen und leicht zu behaltenden Melodie stets gern und fleißig gesungen wurden;

d) durch die in H.'s Clavierschule aufgenommenen kleinen Rondo's und sonstigen Uebungsstücke von seiner eigenen Hand, die in sehr anmuthiger, im Schüler nur Lust und Liebe weckender Weise geschrieben sind. Diese kleinen Compositionen erfreuten sich unter dem Musik erlernenden Publikum eines solchen Erfolgs, daß an H., wie er mir mündlich mittheilte, öfters vortheilhafte Aufforderungen ergingen, sich dieser Gattung der Claviermusik in ausgedehnterem Maaße zu widmen. Allein er hatte bei Allem, was er schrieb, einen bestimmten unterrichtlichen Zweck vor Augen; die Geldfrage stand bei ihm erst in letzter Linie; er mochte seine Kunst nicht zur Mammonsdienerin herabwürdigen.

H. besaß nicht nur eine gründliche Kenntniß der musikalischen Theorie; sondern er wußte dieselbe erforderlichen Falls auch praktisch zu verwerthen. Von ersterer liefert sein „Lehrbuch der musikalischen Composition" einen sprechenden Beweis; für letztere Behauptung mag, abgesehen von seinen anderweitigen Erzeugnissen, besonders was die Beherrschung der strengen Kunstformen betrifft, seine „Fugue brillante", ein glänzendes Conzertstück für die Orgel, (Nürnberg, bei Riegel und Wießner) Zeugniß ablegen. Daher war H. auch ein großer Verehrer „Sebastian Bach's", und kannte dessen Werke gewiß eben so gut, wie irgend ein Anderer; denn wir können uns überhaupt keinen auf gründliche Bildung Anspruch machenden Musiker denken, der nicht Bach studirt hätte. Aber er war nicht der Ansicht jener Zeloten, die nur Bach'sche Art und Weise als die allein giltige in kirchlicher Beziehung betrachtet und in Anwendung gebracht wissen wollen. Er wußte, daß man, um ein Bach'sches Tonwerk zu liefern, auch den Genius des Meisters besitzen müsse, wenn man nicht riskiren wolle, zur Carikatur zu werden. Verlangen wir daher immerhin vom Kunstjünger, daß er seinen Geschmack an Bach's Werken bilde, daß er sein geistiges Auge gerne in die wunderbaren Tiefen und Schönheiten derselben versenke, um durch neue Zuflüsse aus diesem unerschöpflichen Borne den eigenen Gedankenstrom immer mehr zu bereichern — so geschehe dies doch, ohne die eigene geistige Individualität gänzlich dabei preiszugeben. Denn wie auf dem Gebiete der Wissenschaft, so ist auch auf dem der Kunst jede Originalität berechtigt, sofern sie nicht den einmal allgemein anerkannten Gesetzen der Kunst geradezu Hohn spricht. —

Es ist bekannt, daß H. am 12. Mai 1861 an einem länger andauernden, beschwerlichen Drüsenleiden, nach vierwöchentlichem Krankenlager, 50 Jahre alt starb. Der Schmerz um sein Scheiden war groß und allgemein. Ein unabsehbarer Menschenzug wogte zum Thore hinaus, schrieb mir ein Freund, um dem theuren Verblichenen das letzte Geleite zu seiner Ruhestätte zu geben. Kein Auge blieb thränenleer; denn „Hohmann hatte keinen Feind."

So sei denn gegrüßt, herrlicher, verklärter Geist, edler, vielgeliebter Meister der Töne, in jenen hehren Sphären, wohin kein sterbliches Auge zu bringen vermag! Lausche fortan reineren Harmonien, wie sie Dir die Erbe nicht zu bieten vermochte! Dein Andenken wird bei uns Allen, die wir dich kannten, stets ein gesegnetes sein, bis wir dereinst wieder mit Dir in jenen seligen Gefilden vereinigt werden, wo keine Trennung mehr stattfindet. Diese Hoffnung möge sich wie ein frischer Kranz von duftenden Blumen tröstend und erhebend um unsere trauernden Herzen winden! ✗

II. Lesefrüchte, Allerlei.

1. Rechnung der Pensions-Anstalt für die Relikten der Schullehrer in Mittelfranken 18^{60}/$_{61}$.

A. **Einnahme.** Kassabestand: 687 fl. 28$^{3}/_{4}$ kr.; Ersatzposten 51 kr.; Zinsen: 3739 fl. 48 kr.; Beiträge aus öffentlichen Kassen: 4719 fl. 55 kr.; Lehrerbeiträge und Interkalarien: 14218 fl. 32$^{1}/_{4}$ kr.; Erlös aus verkauftem Papier: 6 fl. 58 kr; zurückgenommene Kapitalien: 1500 fl.; Summa: 24873 fl. 32$^{5}/_{8}$ kr.

(Einnahms-Rückstände: 1580 fl. 2$^{1}/_{2}$ kr.)

B. **Ausgabe.** Rückvergütung an Lehrer, welche zu andern Kreisen gehören: 836 fl. 7$^{1}/_{2}$ kr.; Pensionen an 281 Wittwen: 13570 fl. 31 kr.; Pensionen an 217 Waisen, worunter 31 Doppelwaisen: 1997 fl. 28 kr.; außerordentliche Unterstützungen an Wittwen und Waisen, aus den Ueberschüssen des Central-Schulbücher-Verlags fließend: 260 fl.; Remuneration, Copialien, Regie, Briefgelder, Druck der neuen Statuten, verschiedener Lithographien ꝛc. ꝛc. 416 fl. 50 kr.; Ausgeliehene Kapitalien: 12520 fl.; Zinsvergütung beim Ankauf bayr. Obligationen: 12 fl. 22 kr.; Summa: 29613 fl. 18$^{1}/_{2}$ kr.

(Außerdem 40 kr. Zahlungs-Retardaten).

C. **Abschluß.** Ausgaben: 29613 fl. 18$^{1}/_{2}$ kr.; Einnahmen: 24873 fl. 32$^{5}/_{8}$ kr.; Mehrausgabe (entstanden durch vermehrte Kapitalanlage, gedeckt durch die laufenden Einnahmen): 4739 fl. 45$^{7}/_{8}$ kr.

Kapitalstand: 99900 fl.; Vermögensmehrung: 6829 fl. 45 kr.

2. (Eingesandt).

Dem Herrn Verfasser des Artikels in Nr. 1 des fränkischen Schulblattes, die Gründung einer **Beerdigungs-Unterstützungskasse** unter den Lehrern Oberfrankens betreffend, diene Folgendes zur Erwiderung. — Mit dem von den Lehrern in Bayreuth ausgegangenen Antrage auf Erhöhung der Wittwen- und Waisenpensionen wurde, und zwar einstimmig, der Antrag auf Gründung einer Beerdigungs-Unterstützungskasse unter den Lehrern Oberfrankens verbunden. Bei der bekannten Humanität des Vorstandes der Stadtschulenkommission dürfen wir annehmen, daß auch letzterem Antrage eine warme Vertretung zu Theil wurde. Bis jetzt ist indessen eine Entschließung der hohen königlichen Regierung in dieser Richtung nicht ergangen. Nachdem selbst die Durchführung der Pensionserhöhung auf nicht geahnte Schwierigkeiten gestoßen ist, hat man es vorgezogen, die Pensionsangelegenheit zum Austrage gelangen zu lassen, ehe man in der weniger wichtigen Sache energisch vorging. Daß auch diese bei den lieben Collegen im Bezirke G.

zu den Tagesfragen zählt, haben wir mit wahrer Freude vernommen. Möchten nur recht viele Bezirke durch eine einfache Erklärung im Schulblatte ihre Zustimmung kund thun. Es würde dann das neulich von den Lehrern des Stadt- und Landgerichts Bayreuth behufs der Unterstützung des Martinstiftes gewählte Comité auch diese Sache in die Hand nehmen und mit Gottes Hilfe einem gedeihlichen Ziele entgegenführen können. Daß Freund F. in W., von dem sowohl der Antrag auf Erhöhung der Pensionen, als auch jener auf Gründung einer Leichenbeerdigungs-Unterstützungskasse ausging, nicht zurücksteht, nachdem er die Hand an den Pflug gelegt, deß dürfen wir uns zu ihm versehen.
E.   —-r.

3. (**Aufruf.**) Ein eben so allgemein als tief empfundener schmerzlicher Verlust hat die pfälzische Lehrerwelt durch das am 11. Febr. d. J. erfolgte Hinscheiden des Seminar-Präfekten Chr. Grünewald in Kaiserslautern betroffen.

In gerechter Würdigung der hohen Verdienste, welche sich dieser bewährte Pädagog um die Erweckung und Bildung der pfälzischen Lehrer und um die Hebung und Verbesserung des pfälzischen Volksschulwesens durch seine unermüdliche 39jährige Wirksamkeit erworben hat, einigten sich die Lehrer der verschiedenen Confessionen, welche aus allen Theilen der Pfalz zu dem am 14. Febr. in feierlicher Weise stattgehabten Leichenbegängnisse eingefunden hatten, zu dem ehrenvollen Beschlusse, „daß dem Verewigten ein würdiges Denkmal errichtet werde," für welches die erforderlichen Mittel durch freiwillige Beiträge seiner Schüler und Freunde beschafft werden sollen ꝛc. ꝛc. Zur Empfangnahme und Verwendung derartiger Liebesgaben ist bereit das (aus Lehrern der Stadt Kaiserslautern gebildete) Comité.

4. (Bildung eines **Schullehrer-Bezirksvereins zu Neustadt a. A.**) Auf die Einladung des Lehrers Pfeiffer versammelten sich am 15. Febr. d. J. zu Neustadt 28 Lehrer aus den Distrikten Neustadt und Markt Erlbach und gründeten einen Zweigverein zum bayerischen Landeslehrervereine. In den Ausschuß desselben wurden gewählt: Pfeiffer aus Brunn (als erster Vorstand), Aecker aus Neustadt (als zweiter Vorstand), Neumeister aus Dietersheim und Maurer aus Unterschweinach (als Schriftführer), Bögel aus Neustadt (als Kassier). — Lehrer P. gab in seiner aus warmem Herzen kommenden Eröffnungsrede einen Ueberblick über die Verhältnisse unseres Standes in den letzten 30 Jahren, und ließ dabei nicht unerörtert, was ein Volksschullehrerverein wirken und wollen solle, und was nicht. Bei letzterem Punkte griff er besonders auf die Erfahrungen von 1848 zurück, betonte dabei, wie es dringend geboten sei, die legalen Schranken, welche uns Staat und Kirche ziehen, zu achten; wie es aber als Positivum nunmehr gerathen wäre, daß sich in den Lehrern wieder ein Geist der Zusammengehörigkeit geltend mache, und daß sich dieser am besten bewähren könne durch tüchtiges, gemeinsames Arbeiten in freien Conferenzen, dem die größte Pflichttreue im Berufskreise des Einzelnen zur Seite gehen müsse.

5. (Neue Auflagen von Heuners Rechenheften und Rechenbuch betr.) Den zahlreichen Bestellern auf obenbenannte Lehrmittel, welche mittels h. Ministerial-Reskripts für alle bayerischen Schulen zum Gebrauch empfohlen sind, diene hiemit zur Nachricht, daß Heumers Kopf- oder Denkrechnen, Preis 12 Kr., in sechster Auflage soeben fertig geworden ist, und daß die vierte Auflage des ersten Aufgabenheftes noch im Laufe dieser Woche, der Lehrgang dagegen in neuer Bearbeitung erst binnen 4 Wochen die Presse verlassen wird.

Zu weiteren Aufträgen empfiehlt sich die Verlagshandlung von Ansbach.   Friedrich Seybold.

(**Druckfehler.**) In der vorigen Nummer, S. 19, Z. 15 v. U., ist zu lesen: Vorstehender Aufsatz.

☞ April: 18 Kreuzer für I. Sem. 1862!

Im Selbstverlage des Herausgebers. — Druck der A. E. Junge'schen Universitätsbuchdruckerei.

Schulblatt für Franken.

Herausgegeben von J. H. Lutz, Schullehrer in Erlangen.

(In Monats-Nummern, halbjährlich für 18 Kreuzer — zu beziehen bei dem Herausgeber, sowie bei allen Postanstalten Deutschlands.)

| VII. Jahrg. | Nr. 5. | Mai. 1862. |

I. Abhandlungen, Biographien ꝛc.

Ueber Lehrerbildung.

Das Verlangen nach „besserer Lehrerbildung" zählt zu den Tagesfragen unserer Zeit. Nachdem bereits seit Jahrzehnten von den Volksschullehrern selbst (im Norden, wie im Süden Deutschlands) auf die Mangelhaftigkeit ihres bisherigen Bildungsganges aufmerksam gemacht worden war, ließen sich in den letzten Jahren auch in verschiedenen Ständekammern kräftige Stimmen hierüber vernehmen, denen von Seite der hohen Regierungen eine eingehende Würdigung wohl schwerlich versagt werden möchte. Zum Belege dafür, in welch verschiedenen Tonarten obiges Thema durch einzelne Volksvertreter vor die Oeffentlichkeit gebracht wurde, sollen aus den uns vorliegenden Aeußerungen nur drei hier eine Stelle finden. — Der Berichterstatter in der bayrischen Kammer, Herr Dekan Lang, machte darauf aufmerksam, daß das „Normativ über die Bildung der Schullehrer", und insbesondere seine Bestimmungen über die „Bildung der Schullehrlinge" einer wesentlichen Verbesserung bedürfe, wenn es dem Schullehrerseminar möglich sein soll, die ihm gewordene Aufgabe zu lösen und aus demselben gründlich gebildete Lehrer hervorgehen zu lassen, die, weil sie das sind, auch wissen, daß sie es nicht schon ergriffen hätten oder schon vollkommen wären. Der Abgeordnete Dr. Schraut vermißt an der Mehrzahl der Lehrer gründliche Bildung, und erklärt hieraus den häufig so unrichtigen Standpunkt, welchen die Lehrer, „Zwitter von Bauer und Gebildeten", im sozialen Leben einnehmen. Der Abgeordnete Dr. Eckstein spricht in der preußischen Kammer (1861) von pädagogischen Methodisten als von jenen „komischen Käuzen, die man so oft zur Zielscheibe des Witzes mache". — Hier haben wir Ernst und Spott! Einer davon wird doch wohl allenthalben durchbringen.

Bei unserer bayrischen Staatsregierung bedarf es des Letzteren nicht, und es wäre Undank, die langjährigen Bemühungen derselben zur Hebung der Volks- und Lehrer-Bildung verkennen zu wollen. Sicherlich werden auch, auf diese Anregung des Landtages hin, in Bälde von den Schulbehörden wieder Gutachten über die nöthigen „Abänderungen des Normativs" eingeholt werden. Da mag es dann in manchen Berichten heißen: „Man treibe die **deutsche Sprache** (besonders die Ausdrucksweise von Bibel und Gesangbuch) gründlicher, als bisher" u. dgl. Und von Seite der öffentlichen Presse: „Man lege ein größeres Gewicht auf die **Naturwissenschaften**"; oder: „Man ziehe eine „**fremde** (lebende) **Sprache** in den Kreis des Seminar=Unterrichtes" u. s. f.

Das ist, nach unserem Dafürhalten, lauter **Flickwerk**, und unsere Leute bleiben hiebei, der großen Mehrzahl nach, die **Einseitigen** (und in den Augen der sog. Gebildeten die Belächelten und Bemitleideten) wie sie es bisher gewesen. Wenn dem Schulstande gründlich aufgeholfen werden soll, so gibt es hiezu nur **einen Weg**, und dieser besteht in: „**Aufhebung** der bisherigen Solo=Vorbereitung", und dagegen „**Verweisung** der Schullehrlinge an öffentliche Lehranstalten". — Eine 30jährige Erfahrung sollte jetzt zur Genüge dargethan haben, um wieviel die Volksschullehrer gehoben wurden durch eine Vorbildungsweise, die den Schullehrling von dem Bildungsgange der übrigen deutschen Jugend förmlich **absonderte**. Während andere Jünglinge vom 13. bis 17. Jahre an guten Lehranstalten im Wetteifer mit Ihresgleichen die Kraft üben, sitzen die meisten Schullehrlinge die schönsten Stunden des Tages alleine über ihren Büchern und brüten*); oder sie weilen in der Schulstube ihres Lehrers und hören das, was sie bereits vom 10. bis 13. Jahre gehört haben, auch vom 14. zum 17. Dieses mehrmalige Hören derselben Gegenstände in derselben Weise soll sie recht gründlich in ihrem Fache machen. — Ja, gründlich abstumpfen kann es den Geist, nicht aber **heben**! Die bisherige Vorbildungsweise war ganz dazu geeignet, der Mehrzahl nach Lehrer zu ziehen, deren Kenntnisse sich auf das „unmittelbare Bedürfniß der Volksschule" beschränken — nicht aber Lehrer, welche befähiget sind, auch die heranwachsende Jugend noch weiter zu führen; nicht Lehrer, die bei den Fortschritten der Zeit auch unter den erwachsenen Gliedern ihrer Gemeinden mit Ehren dastehen können.

Soll es in dieser Hinsicht besser werden, so bleibt nur übrig, daß man in Zukunft aus dem Schullehrlinge nicht sogleich einen „Lehrer im Kleinen", sondern zuerst einen „**denkenden Menschen**" mache, und zwar auf demselben Wege, auf welchem andere Stände das „Denken" lernen, und auch in derselben Gesellschaft. Daneben trage man in entsprechender Weise Sorge dafür, daß der Schulpräparand sich auch diejenigen besonderen Kenntnisse und Fertigkeiten aneigne, welche den Eintritt in das Schullehrer=Seminar bedingen: dann wird derselbe als bildsamer Jüngling in 2 Seminar=Jahren die erforderliche Lehrbefähigung sich aneignen und wird strebsam bleiben sein Lebenlang. Und auf Letzteres kommt am Ende das **Meiste** an! — Wir beanspruchen daher als unerläßlich für unseren Stand: ein ausreichendes Maß „**allgemeiner Bildung**", wie solche heutiges Tages dem gebildeten „Mittelstande" zukommt; und wenn nicht alle Zeichen

---

*) Man denke sich einmal die Beschäftigung eines Schulpräparanden im Winterhalbjahre, wo der Lehrer von 8 bis 11 Uhr Schule hält, zwischen 11 u. 12 Uhr isset, und von 12 bis 3 Uhr wieder Schule hat!

trügen, so stehen wir auch nahe daran, diese billige und gerechte Forderung in Erfüllung gehen zu sehen.

Fragt man nun: „An welche Lehranstalten sollen denn unsere Schulpräparanden gewiesen werden?" so lautet unsere Antwort: Hätten wir in Bayern „höhere Bürgerschulen", wie sie hie und da in Norddeutschland bestehen, so würden wir diese in Vorschlag bringen. Nach unseren gegebenen Verhältnissen kann es nur um Benutzung der „Gewerbschulen", oder der „Lateinschulen" sich handeln. — Dr. Schraut schlug beim letzten Landtage das „Absolutorium der Gewerbschule" vor. Wir unsererseits sind in diesem Punkte anderer Meinung. Wir schätzen nämlich den sprachlichen Stoff und die Zucht der Lateinschule höher, als den mathematischen Stoff und die Zucht der Gewerbschule. (Das „Warum?" würde uns heute zu weit führen.)

Anträge zum „Vorwärtsschreiten" scheitern im Leben nicht selten an den Schwierigkeiten ihrer Ausführung, bisweilen aber auch an unbegründeten Bedenklichkeiten. Es wäre unsererseits zu viel erwartet, wenn wir nicht voraussetzen wollten, daß wir auch im Jahre 1862 bei einzelnen Männern, welche als Distriktsbehörden in der beregten Angelegenheit ihre Stimme nach Oben abzugeben haben, auf Einwendungen gegen unseren Vorschlag stoßen werden. Ob man diese unsere Forderung hie und da auch heute noch, nachdem sich Consistorial- und Seminar-Stimmen auf die (Seite 38) mitgetheilte Art vernehmen lassen, „überspannt" nennen; ob man sie als bedenklich für das allgemeine Wohl (oder als Privat-, vielleicht Partei-Zwecken dienend) erklären werde — wollen wir abwarten. Ebenso, ob auch ferner bei dieser Frage ökonomische Rücksichten (die Lehrer der Volksschulen müssen in ihrer Bildung nothwendig beschränkt bleiben, damit sie nicht zu große Ansprüche machen, damit man wohlfeile Lehrer erhalte) in erster Reihe zählen sollen. Damit man obigen Wunsch jedoch nicht von vornherein als unausführbar hinstelle, erlauben wir uns, hier mitzutheilen, wie wir uns die Sache denken.

Die bisherige Vorbereitung durch einen „einzelnen Lehrer" wird abgeschafft.

Präparanden-Anstalten bestehen in Zukunft nur an solchen Orten, welche eine Lateinschule besitzen.

Wer sich dem „Schulfache" widmen will, tritt ½ Jahr vor seiner Confirmation in die Lateinschule ein. Besitzt er in diesem Alter nicht so viele Vorkenntnisse, als der für die „wissenschaftliche Laufbahn" bestimmte Knabe mit 10 Jahren nachzuweisen hat: so bleibt ihm der Weg zum Lehrerberufe verschlossen. (Dann hat man eine gleichmäßige Controle schon bei der Aufnahme, und entgeht dadurch der traurigen Nothwendigkeit, 17 jährige Jünglinge erst noch auf einen anderen Beruf verweisen zu müssen!)

Sogleich mit dem Eintritte in die Lateinschule hat der Schüler den Clavier- und Violinunterricht zu beginnen.

Nach der Confirmation (am Schlusse des ersten Schuljahres) wird der Lateinschüler als „Schulpräparand" aufgenommen.

Ein Geistlicher und einige Lehrer (nebst dem Stadtmusikus) vereinigen sich zur Ertheilung des eigentlichen Präparanden-Unterrichtes. Dieser nimmt anfangs täglich nur 2 Stunden, später 3 Stunden in Anspruch.

In der 4. Klasse der Lateinschule wird der Schulpräparand von der „griechischen Stunde" dispensirt.

Bei der Aufnahmsprüfung am Seminare sind „das Absolutorium der Lateinschule" und das „Präparanden-Zeugniß" vorzulegen.

(Die an die Schullehrlinge von Mittelfranken bisher von der K. Kreisregierung verabreichte Unterstützung von 1200 fl. fließt in die Kassen der Lateinschulen; der noch fehlende Rest am Schulgelde wird von den einzelnen Schülern ergänzt. Die Präparanden-Lehrer beziehen auch ferner die bisherige Gratifikation von jährlich 2700 fl. und hiezu noch ein ganz geringes Honorar von den Präparanden).

Wenn es in irgend einem Kreise Bayerns leicht wäre, den hier gemachten Vorschlag ins Werk zu setzen, so ist das in Mittelfranken der Fall, wo neben den Lateinschulen der 4 Gymnasien (Nürnberg, Ansbach, Erlangen, Eichstätt) noch ein Dutzend „isolirte Lateinschulen" (in den Städten: Schwabach, Neustadt, Rothenburg, Windsheim, Uffenheim, Feuchtwangen, Dinkelsbühl, Gunzenhausen, Pappenheim, Weißenburg, Roth, Hersbruck) bestehen. Hier ließen sich gewiß zu Präparanden-Anstalten tüchtige Kräfte für das Lehr- und Musikfach auswählen. Zudem wären die Kosten für den Vorbereitungs-Unterricht selbst durch die Munifizenz der hohen Kreisregierung und des Landrathes so ermäßigt, wie nicht leicht anderswo.

Hiemit sei unser Thema für heute abgebrochen. Zum Schlusse nur noch ein Wort aus der „allgemeinen deutschen Lehrerzeitung" (Jahrgang 1861, Nr. 20):

„Unter allen uns bekannt gewordenen Lehrern haben diejenigen sich als die **brauchbarsten** erwiesen und am besten sich selbst durchgeholfen, die ihre Vorbildung fürs Seminar auf Gymnasien, Real- und Bürgerschulen erhalten hatten. Im Stande, sich durch Privat-Unterricht, durch Haltung von Pensionären ꝛc. etwas nebenbei zu verdienen, waren sie auch von dem Umgange der gebildeten Welt weniger ausgeschlossen und nahmen darum schon eine geachtetere Stellung ein. Wir reden hier natürlich stets von der Regel und nicht von den oft rühmlichen Ausnahmen". Lutz.

II. Lesefrüchte, Allerlei.

1. (Die Pflege des schönen Lesens). Das Lesen ist **schön**, wenn der **lautliche Ausdruck** dem **Gedankeninhalte** entspricht. Zur Erreichung dieses Zieles dürften folgende Regeln aufgestellt werden:

1) Es muß **lautrichtig** gelesen werden (d. h. kein „a" wie ein halbes „o", kein „eu" wie „ai", kein „r" am Ende verschluckt u. s. w.).

2) Es muß **langsam** gelesen werden, so daß der Schüler Zeit gewinnt, seine Aufmerksamkeit dem Inhalte zuzuwenden.

3) Es muß mit **richtiger Betonung** gelesen werden. Die bedeutsamste Silbe im Worte muß den stärkeren Ton erhalten — z. B. Gebet,

gebet, **erblich, erblich, erblaffen, Erblaffer** 2c. Die Hauptregeln
für die richtige Betonung **innerhalb des einzelnen Wortes** find
folgende:
- a) in **Wurzelwörtern** erhält die Silbe, in der die Wurzel ent=
halten ist, den **Haupton**;
- b) in **abgeleiteten Wörtern** wird die Stammfilbe betont;
- c) in **zusammengesetzten Wörtern** erhält das Bestimmungs=
wort in der Regel den Hauptton.

Für die Hervorhebung der einzelnen Worte im Satze gilt
als Gesetz: „In jeder Rede werden diejenigen Vorstellungen betont, auf
welche man die Aufmerksamkeit des Zuhörers hinleiten will — also vor=
nehmlich diejenigen, die einen **Gegensatz** bilden, oder die dazu dienen,
eine andere Vorstellung näher zu **bestimmen**, oder ein Urtheil zu **be=**
gründen.

4) Es muß die **Gliederung der Gedanken** bemerkbar gemacht
werden. Dieß geschieht durch richtige Anbringung der Pausen. —
Eine kurze Pause hat einzutreten: a) **nach jedem betonten Worte**, das
auf einen folgenden Satz hinweist; b) nach jedem Worte, das in einem
folgenden Satzgliede ein Gegentheil findet; c) zwischen dem Subjekt
und Prädikate, wenn eines dieser Glieder (oder wenn beide) zusam=
mengesetzte Vorstellungen sind.

5) Es muß sich eine **Hebung und Senkung der Stimme** er=
kennen lassen. — Der Schluß des behauptenden Satzes wird überall
durch Senkung bezeichnet. Zwischensätze müssen so gelesen werden,
daß man sogleich erkennt, mit welchem Worte sie zusammengehören. Ein=
geschaltete Sätze sind so zu lesen, daß die Einschaltung sich von dem
Hauptsatze deutlich unterscheidet. Bei Sätzen, die eine Behauptung vor=
bereiten, muß durch gehobene Stimme die Erwartung gespannt werden.
Ergänzungsfragen werden tonsenkig gelesen; Entscheidungsfragen ton=
hebig. (Der Frageton darf sich nicht erst beim letzten Worte be=
merklich machen!)

6) Es muß darauf gesehen werden, daß der **ganze Lesevor=**
trag dem Inhalte des Lesestoffes entspricht. (Ein Loblied mit an=
derer Stimmhaltung, als ein Begräbnißlied).

Lesestunden erfordern eine **angestrengte Thätigkeit** — sie
sollen nicht **Ruhestunden**, sondern für Lehrer und Schüler Stun=
den **ernster geistiger** und **körperlicher Arbeit sein!** (C. Richter.)

2. **Schulrath Bormann** in Berlin erinnert in einem Send=
schreiben vom vorigen Jahre die Lehrer daran, daß auch die **Schul=**
mappen der Kinder die Aufmerksamkeit des Lehrers verdie=
nen — und zwar habe dieser darnach zu sehen: a) Was darin ist
(und nicht darin sein sollte); b) was nicht darin (und darin sein
sollte), und c) in welcher Art und Weise die Sachen aufbewahrt
werden.

In einem Sendschreiben des heurigen Jahres bespricht B. eine
Schul=Unart, die leider nur allzuhäufig verbreitet ist: das **leise Ant=**
worten der Schüler. — Welche Hemmung erleidet dadurch der
Fortgang des Unterrichts! Wie viele Worte werden gesprochen und ver=

nommen, die nicht unmittelbar zur Sache gehören! Wie viel Verdruß mischt sich in die Lehrthätigkeit verbitternd ein! Wie viel Abbruch erleidet dadurch des Lehrers Freudigkeit und der Schüler innere Zusammengenommenheit! ꝛc. Da das **laute, schulgemäße Sprechen** der Kinder sich nicht gelegenheitlich ohne besondere Pflege findet, und da die spätere Schulzeit sich nicht eignet, es in besondere Pflege zu nehmen; so bleibt nur übrig, **diese Pflege sofort in den ersten Wochen des Schulbesuches eintreten zu lassen** — und in der Folge **nie mehr auf lautes Sprechen und Lesen zu verzichten.**

3. (Ueberall dieselben Klagen.) A. In neuerer Zeit haben die Vorstände und Lehrer der Schullehrer-Seminarien (in Württemberg) wiederholt über die nicht geringe Zahl von talentlosen und unfähigen Zöglingen sich beklagt, mit welchen sie sich abmühen müssen, und welche, wenn sie auch zur Noth das niedrigste Maß von Kenntnissen, das bei der Prüfung verlangt wird, erreichen, doch stets nur nothdürftig den Anforderungen ihres Berufes entsprechen werden. Da es sonach als zweckmäßig und im Interesse solcher jungen Leute selbst gerathen erscheint, daß sie frühzeitig von einem Berufe abgewendet werden, wozu sie keine innere Befähigung zeigen, so wird hiemit den treffenden Behörden aufgegeben, die Schulaspiranten nur „widerruflich" aufzunehmen ꝛc.

(Consistorial-Erlaß — Stuttgart, d. 14. Febr. 1862).

B. In der Denkschrift des Seminars zu Cöpnick über „Mängel der Präparanden-Bildung" heißt es unter Anderem:

1) Da beim Seminar-Unterrichte auf Leichtigkeit der Auffassung, auf Klarheit des Denkens Seitens der Zöglinge gerechnet werden muß, so sollen es die Präparanden-Bildner ihre ernste Sorge sein lassen, unfähigen und zu wenig begabten Aspiranten den Zugang zu den Seminarien ohne Weiteres durch Entlassung zu verschließen.

2) Ferner muß darauf hingewiesen werden, daß mit einer überwiegend **gedächtnißmäßigen** Aneignung des Lehrstoffes nicht nur nichts gedient ist, sondern daß dadurch geradezu Schaden, besonders bei ohnehin mäßig begabten Präparanden angerichtet wird.

3) Es ist bringend geboten, daß die Präparanden-Bildner ihren Schülern eine **ausreichende Anzahl** von Unterrichtsstunden selbst und unmittelbar ertheilen.

4) Endlich ist noch an die Nothwendigkeit zu erinnern, daß **sämmtliche Lehrfächer** mit gleicher Treue von den Präparanden-Bildnern mit ihren Schülern durchgearbeitet werden.

(Potsdam, d. 30. Nov. 1861. — Königliche Regierung).

4. (Ein Wort über Latein.) Dr. Geffers sagt: Den edelsten Nahrungsstoff in der edelsten Form (die goldenen Aepfel in silbernen Schalen) enthalten die **Werke der Alten**. Dieser Reichthum ist aber an die „Sprache" gebunden, und nur durch und in dieser erreichen wir ihn in seiner ganzen Eigenthümlichkeit. Den Inhalt geben uns etwa Uebersetzungen, aber nicht die Form, die ätherische Seele desselben ꝛc. Mit dem mechanischen Momente der Spracherlernung verbindet sich sogleich das grammatische Studium, dessen

Werth nicht hoch genug angeschlagen werden kann; denn es macht den Anfang der logischen Bildung aus. Die Grammatik hat die Kategorien, die eigenthümlichen Erzeugnisse und Bestimmungen des Verstandes zu ihrem Inhalte; in ihr fängt also der Verstand selbst an, gelernt zu werden, 2c. Das grammatische Erlernen einer alten Sprache hat zugleich den Vortheil, anhaltende und unausgesetzte Vernunftthätigkeit sein zu müssen 2c.

Die lateinischen Schreib- und Stilübungen sind für den deutschen Stil die zweckmäßigste und fruchtbarste Vorbereitung und stärkste Stütze — und zwar in mehr als einer Beziehung. Sie sind von der untersten Stufe an so eingerichtet, daß überall an der Bearbeitung concreter Stoffe die der Altersstufe entsprechende Spontaneität in Anspruch genommen und angeregt wird; die ununterbrochene Uebung stärkt die Kraft, schafft ein Selbstvertrauen erweckendes Können und gewöhnt, die Scheu, mit eigenen Gedanken in einen Gegenstand einzugehen, zu überwinden. Dazu kommt, daß das Formelle der Darstellung, soweit es allen Sprachen gemeinsam ist, an der Composition gleichsam unmerklich gelernt wird ohne besondere Gefahr, daß durch das Latein die freie Bewegung in der Muttersprache gehemmt werde. — Wie wichtig diese Wirkung des Lateinschreibens für das Formelle in den deutschen Arbeiten ist, ersieht man am besten aus einer Vergleichung dieser von „Lateinern" und „Nichtlateinern" von sonst gleichem Alter, gleichen Kenntnissen und Fähigkeiten. Während jene sich in der Regel wenigstens in richtig gebildeten Sätzen fortbewegen, fehlt bei diesen nur zu oft alle Einsicht und Sicherheit in den Grundelementen der Darstellung 2c. - (Schmid's Encyklopädie.)

5. Zur Errichtung einer durch die neue Strafgesetzgebung bedingten „Erziehungsanstalt für verwahrloste jugendliche Personen männlichen Geschlechts und prot. Confession" wurden die Schloßrealitäten in Bruckberg durch die Staatsregierung käuflich erworben und die nöthigen Bauarbeiten bereits in Angriff genommen. — Eine ähnliche Anstalt für verwahrloste Personen kath. Confession (auf 120 Köpfe berechnet) wird in Nieder-Schönenfeld bei Aichach errichtet.

6. Die **Anstellungsprüfung** für die prot. Schulamts-Candidaten aus Mittelfranken, Schwaben und Oberbayern (Jahrg. 1853) wird am K. Schullehrer-Seminar zu Schwabach von 1. Juni d. J. an abgehalten.

7. (Statuten des Lokalvereins der Schullehrer Münchens.) A. Aufgabe des Vereins. — §. 1. Der Lokalverein der Lehrer an den deutschen Schulen Münchens stellt sich zur Aufgabe, durch gegenseitige Anregung zu einer gründlichen Fortbildung jedes Mitglied in den Stand zu setzen, seinen Pflichten gegen Staat und Kirche im vollsten Umfange zu genügen. Seine Wirksamkeit erstreckt sich daher a) über das ganze Gebiet der Erziehung und des Unterrichts, b) über alle geistigen und materiellen Interessen des Lehrerstandes. — §. 2. Jedes Mitglied ist bestrebt, die Mängel der Erziehung, sowie die nachtheiligen Einflüsse auf dieselbe auszuforschen und die gemachten Wahrnehmungen in der Versammlung zum Vortrage zu bringen. Der Verein

sucht dann nach gepflogener Berathung entweder durch geeignete Vorstellungen an die Behörden, oder durch ein öffentliches Blatt auf die Abstellung der entdeckten Uebelstände hinzuwirken. — §. 3. Ferner machen es sich die Mitglieder zur Pflicht, neue Erscheinungen im Felde der Literatur und Kunst anzuzeigen, ihre eigenen Erfahrungen auszutauschen und die von ihnen mit Erfolg angewendeten Methoden freundschaftlich mitzutheilen, so daß alles Zweckdienliche zum Gemeingute werde. Ein besonderes Augenmerk richtet der Verein auf die Besprechung der vom k. Staatsministerium empfohlenen Schriften. Durch Vorträge über verschiedene Zweige der Wissenschaft, Technik, Oekonomie ꝛc. werden die geistigen Interessen der Mitglieder noch mehr zu fördern gesucht. — §. 4 Um die Würde des Lehrerstandes zu wahren und das Ansehen desselben nach Außen zu erhöhen, findet der Verein die Mittel nicht nur in gewissenhafter Pflichterfüllung eines jeden Einzelnen, sondern auch in einem innigen Zusammenhalten in einem festen Auftreten zur Abwehr von Angriffen sowohl auf einzelne Mitglieder, als auf den ganzen Lehrkörper. — §. 5. Die Versammlungen sind außer den Berathungen ꝛc. auch der geselligen Unterhaltung gewidmet, wobei besonders Musik und Gesang gepflegt werden sollen. — B. Verwaltung des Vereins. — (Ein Ausschuß von 5 Mitgliedern, gewählt auf 1 Jahr — Vereinsorgan: bayr. Schulfreund — Monatbeitrag: 12 kr. — am ersten Samstage jeden Monats eine ordentliche Versammlung).

München, den 11. Januar 1862.

Der Ausschuß: Fürg, Güll, Reis, Solereder, Waldherr.

8. (**Lehrerverein-Angelegenheit**). Der Herausgeber des Schulblattes ist aufgefordert worden, seine Ansicht „den bayrischen Lehrerverein" betr. auszusprechen. Er thut dieß hier in der Kürze, und gedenkt in der nächsten Nummer dieses Thema weiter fortzusetzen.

Daß Schreiber dieses an einer allgemeinen Vereinigung der bayrischen Lehrer sich nicht betheiligen werde, möchte kaum Einer seiner Leser von ihm erwarten. Hat er ja doch seine Ansichten über Lehrer-Verhältnisse stets offen genug ausgesprochen! — In der Christwoche des vorigen Jahres nach Regensburg zu reisen, war ihm aber (wegen unaufschiebbarer Pflicht-Arbeiten) unmöglich; zudem war ihm die eigenthümliche Erfahrung, welche er im Dezember 1856 aus dem Eichstätter Bisthum her machte, eine kräftige Mahnung zum Zuwarten auf diesem Gebiete — wie denn überhaupt sein Grundsatz ist: „Langsam vorwärts, aber nicht rückwärts!" Bis heute hätte er sich jedoch längst schon für die Sache erklärt, wenn nicht das Zerwürfniß zwischen Lehrerverein und Münchner Lehrerschaft ihn schmerzlich berührt hätte. Nach unserem Dafürhalten ist Letzterer in der öffentlichen Presse eine Unbill widerfahren, die sie nicht verdient hat. Wir würden gegen sie sprechen, wenn von München aus eine andere Haupt-Versammlung wäre ausgeschrieben worden, um Spaltung zu erregen. In der Gründung eines Lokal-Vereins und in dem Streben nach weiteren Kreisvereine vermögen wir aber durchaus nichts zu finden, was eine spätere Vereinigung hindern sollte. — Als Deutsche konnten wir doch schon längst wissen: „Keine Eiche fällt auf Einem Streiche". Und als Lehrer sollten wir bedenken, daß liebloses Herfallen über Standesgenossen und Unduldsamkeit gegen abweichende Meinungen kein vortheilhaftes Zeugniß für uns abgeben. Wer es gut mit dem Ganzen meint, konnte darum eine derartige Verhandlung einer reinen Lehrer-Angelegenheit vor dem großen Publikum nur bedauern. — Der Raum geht zu Ende; darum heute als letztes Wort: Wir haben den Vorsatz zu kommen, und den herzlichen Wunsch, die Münchner auch an unserer Seite zu sehen. L.

Schulblatt für Franken.

Herausgegeben von J. H. Lutz, Schullehrer in Erlangen.

(In Monats-Nummern, halbjährlich für 18 Kreuzer — zu beziehen bei dem Herausgeber, sowie bei allen Postanstalten Deutschlands.)

VII. Jahrg.   **Nr. 6.**   **Juni. 1862.**

I. Abhandlungen, Biographien ꝛc.

Der bayrische Landeslehrerverein.

Wenn nicht der Herausgeber des „Schulblattes für Franken" unlängst in Folge einer an ihn gestellten Anfrage bezüglich seiner Stellung zum bayr. Lehrerverein denselben erwähnt und damit dargethan hätte, daß dieses Thema zur Zeit werth sei, als pädagogische Tagesfrage abgehandelt zu werden: so würde man in Franken, ich sage in Franken (!!), denken müssen, es stehe schon die Aufschrift auf der moderigen Gruft dieses Vereins: „Friede seiner Asche!" — Blicken wir dagegen in das Organ desselben, die „bayr. Schulzeitung," so sehen wir es sich rühren: von da und dort werden Anmeldungen zum Beitritt erwähnt. Es hat einmal eine Zeit gegeben, in der die fränkischen Lehrer mit zu den rührigsten und regsamsten in ganz Deutschland zählten und sogleich nach den altpreußischen, d. i. vorregulativisch preußischen, rangirten. Sollte in Franken ebenso, wie in Preußen, an die Stelle des: „Wachet auf, ruft uns die Stimme" das: „Geh' einfältig stets einher!" getreten sein? Doch wohl nicht. Es dürfte darum wohl am Platze sein, den Gründen in Etwas nachzugehen, welche viele fränkische Lehrer abhalten mögen, ihren Beitritt zu einem Verein zu erklären, der lediglich im Interesse des Lehrerstandes ins Leben getreten ist.

Daß der Zweck des Vereins ein löblicher und unbedenklich anzuerkennender sei, kann wohl von Niemand in Abrede gestellt werden; denn wie wären Ziele zu verfehmen, wie die: „Stärkung des Bewußtseins collegialer Zusammengehörigkeit, Förderung der geistigen und beruflichen Fortbildung des Einzelnen und Vertretung der gemeinsamen äußeren Interessen des Lehrerstandes"? — Daß man diese Zwecke in Franken, sporadisches thatsächliches Dazubekennen wie in Fürth, Neustadt (Altdorf? wo noch? „Adam, wo bist du?") abgerechnet, vielfach negirt, liegt auf der Hand. Das muß zum Theil gewichtige Gründe haben, zum Theil solche, deren vier auf ein Loth gehen. Beiläufig gesagt, rechne ich zu den letzteren nicht: „Anderen der Katze die Schellen anhängen, oder die Kastanien aus dem Feuer holen zu lassen."

Der Herausgeber dieses Bl. bedauert das Draußenstehen der Münchener Lehrer. Mit Recht. Wie ist aber zu helfen, wenn auf ein freundliches „Herein!" die Thürklinke nicht ergriffen werden will? Wer hat die Münchener Lehrer abgehalten, ihrer Ansicht a priori Geltung zu verschaffen? Ueberall, wo sich einer Genossenschaft viele einzelne Theile einzufügen haben; wo Einheit und mit ihr die Kraft wachsen soll, muß die Majorität stets als letzte Entscheidung und als von allen Parteien zu achtende Autorität gelten. Diese aber warf in vorwürfiger Sache in öffentlicher Versammlung, welche viele Mandatare von Lehrercorporationen unter sich zählte und zu der jedenfalls auch die Münchener Collegen geladen waren, die Gliederung des LV. in Kreisvereine ab, weil sie den Geschäftsgang zu sehr complicire. Und dieses Motiv läßt sich bei einem nicht eigens für den Verein thätigen und von ihm ausreichend bezahlten Ausschuß, dessen Mitglieder anderweit vielbeschäftigte Männer sind, recht wohl hören. Etwaigen seltenen Bedürfnißfällen des Zusammengehens der Lehrer blos Eines Kreises gegenüber könnte dadurch Rath geschafft werden, daß sich die Bezirksvorstände in Korrespondenz setzten, was ohne alle Weitläufigkeit zu bewerkstelligen wäre. Dies hätte demnach keinen Erisapfel in einen jungen Verein werfen sollen. Worin sonst noch die Statuten des Münchener Vereins abweichen, das betrifft nur unwesentliche Punkte, z. B. die statutengemäße Pflege der Musik überhaupt, wie des Gesangs insbesondere, welche sich selbstverständlich als gesellschaftliches Moment überall einfindet, wo Lehrer tagen, sei es in Local- oder Distriktsvereinen.

Abgesehen von diesem Konflikt des Hauptvereins mit einem Localverein, welch' letzterer als solcher übrigens keine größere Bedeutung beanspruchen kann, als ob er ein im kleinsten Orte des Königreichs sich versammelnder privater Distriktsverein wäre, und der, wie wir glauben wollen, nicht von der Voraussetzung ausgehen wird, daß an der Spitze eines Landeslehrervereins gerade die Hauptstadtlehrer stehen müßten, will es Verf. dies bedünken*), als ob sich in Franken noch keine rechte Ueberzeugung von der Nothwendigkeit des Zusammengehens der Lehrer herausgebildet habe. Um die Nichtberechtigung dieser Gleichgiltigkeit unter uns fränkischen Lehrern einigermassen ins Licht zu stellen, nur einige Bemerkungen: Was wirkt eine vom Einzelnen verfaßte Abwehr gegen schamlose öffentliche Angriffe des Lehrerstandes, wie wir sie öfters in den letzten Jahren erfuhren, im Vergleich zu corporativen Schritten? Was nützen Anträge auf bessere Vorbildung des Lehrernachwuchses, wenn sie vom vereinzelt stehenden Lehrer ausgehen? Haben die Lehrer in einer Zeit, wo sich die Gesetzgebung, wie in allen deutschen Landen, so auch in Bayern, mit dem Gebiete der Schule bereits befaßt hat und sich ferner in Kardinalpunkten mit derselben beschäftigen wird, keine Ursache, zusammen zu gehen, sich erschöpfend zu berathen, zu verständigen und die Ergebnisse solcher Thätigkeit einer Landeslehrerschaft geeigneten Orts, wo dieselben gewiß nicht negirt werden, zu verwerthen? Wenn unsre h. Staatsregierung, wie bekannt, in Schulfragen den Beirath von Schulmännern hört, wird sie billigen Wünschen eines Landeslehrervereins, der aber durch seine Stimmenzahl eine wahre Standesrepräsentation darstel-

---

*) Verf. redet blos für die gute Sache, will nach keiner Seite verletzen und möchte in Allem thatsächlich und bis zur Ueberzeugung davon, daß er ganz und gar im Irrthum befangen sei, widerlegt werden.

len müßte, und dessen Führer besonnene, charakterfeste Männer sind, ihr Ohr versagen? Und wird es bei gesetzlicher Haltung desselben nicht dahin kommen, daß nicht blos Schulmänner — das ist ein weiter Begriff, und für die Volksschule war er bisher ausschließlich weit! — sondern auch Fachmänner ihr sachkundiges Votum abzugeben, Gelegenheit erhalten?

Unserer Einigung könnte auch nach anderer Seite die Frucht nicht abgehen. Die statutengemäßen freien Fortbildungsconferenzen sind dazu angethan, an der frischen jugendlichen Kraft das Alter in seinem Hinneigen zum Mechanismus mit ideellem Aufstreben zu durchwärmen und am besonnenen gereiften Alter in seinem nach praktischer Seite ausgebildeten Wissen und Können die jüngere Generation zu mäßigen.

Wer da sagt: „Was geht mich draußen an? Ich suche meinen eigenen Weg und werde mir die Steine aus demselben entfernen; mögen es damit Andere halten, wie sie wollen;" wem sich also die Eigensucht in hornenem Ringe um das Herz gelegt hat; wer da hinzusetzt: „Ich begreife nicht, was für Ursachen die Lehrer haben können, sich in einem Verein an= und durcheinander fortzubilden, oder welche Interessen sie aus sich heraus vertreten wollen": der wird draußen stehen bleiben. Ich verarge ihm nicht das, sondern den Beweggrund dazu: den Dünkel der Selbstgenügsamkeit, das Erlöschen der Sympathie für Alles, was strebende Lehrer als erstrebenswerthes Ideal erkennen, die geistige Beschränkung auf den abgeschlossenen Wirkungskreis.

Und gerade diese Fertigen frage ich: Sind in neuerer Zeit für uns nicht Gefahren aufgetaucht, die unsere Verhältnisse als wahre Lebensfragen berühren? Wie lange wird es währen, so treten — beispielsweise — aufs neue die starkgewappneten Kämpfer für die freie Wahl der Lehrer von Seite der Gemeinden auf die Arena. Da kann es nur gelten, gemeinsam die Stimme zu erheben, um unter den derzeitigen Schulverhältnissen die Nachtheile darzulegen, welche für das Gedeihen der Volksschule daraus hervorgehen müssen.

Der Procente unter den fränkischen Lehrern sind jedoch verhältnißmäßig nur wenige, die einen Landeslehrerverein als eine durchweg müssige Sache betrachten, und die für ihn keine Ziele wissen wollen; größer ist die Anzahl jener, welche, um mich glimpflich auszudrücken, aus Klugheitsrücksichten, aus Furcht sich davon fern halten, oder die nur auf einen, von einem mit ihrem besonderen Vertrauen beschenkten Collegen auszugehenden Anstoß hierzu warten. Während unter den Erstgenannten sich Männer befinden, denen ein männlich starkes Ehrgefühl innewohnt, prostituiren die letzteren die zu dem Verein getretenen Collegen durch die scheinbare Begünstigung der Annahme, wie sie von vorneherein von gewisser Seite die Entstehung des LV. begleitet, als ob er Zwecke verfolge, die das Tageslicht zu scheuen hätten. — Hat doch der Regensburger Lehrertag gezeigt, daß die Lehrer in conservativem Sinne ihre Standesangelegenheiten besprechen wollen, da sie damit zufrieden sein können, wie unsre h. Staatsregierung für die Schule und ihre Lehrer zu sorgen redlich bestrebt ist, weshalb sie gerne auch faktische Belege ihrer Anhänglichkeit geben.

Nach der Erfahrung des Verf. scheint man vielfach seitens der Geistlichkeit davon auszugehen, als ob die Lehrer Emancipationsgelüste trügen und diese unter unschuldigem Gewande verstecken wollten. Wir Lehrer wollen aber Friede haben mit den Geistlichen und sind froh, wenn man ihn uns unter Bedingungen läßt, die der Pädagog vor seinem Gewissen — betr. der Lehrmethode und des Umfangs des Stoffes in den einzelnen Disciplinen des Religionsunterrichts — und vor dem intelligenten Theil der Laien verantworten kann. Wir wissen es, daß die Emancipation der Schule von der ausschließlichen Aufsicht der Geistlichkeit nicht in Lehrerkreisen entschieden werden kann. — Wenn die Lehrer ferner ein Bedürfniß fühlen, die berufliche Fortbildung in ihre eigenen Kreise zu ziehen; so ist das höchstens ein Beweis für ihr redliches Streben, wirkliche Förderung zu erfahren. Die Lehrertüchtigkeit will auf dem Gebiet praktischer Bethätigung sich bewähren können.

Es gibt einen sächsischen, einen württembergischen ꝛc. Lehrerverein; sollte das Standesbewußtsein der fränkischen Lehrer so tief unter dem Gefrierpunkt stehen, daß eine derartige Schöpfung bei ihnen nicht lebensfähig zu werden vermöchte?

Wenn uns die niederbayrischen Lehrer das erfreuliche Verlangen nach Einigung mit uns Franken, sogar über die Konfession hinweg, kund geben und damit beweisen, daß sie von dem schönen Grundgedanken des Christenthums, die Herzen, welche entzweit sind, zu einigen, sowie von dem richtigen pädagogischen Princip durchdrungen sind, daß wir zuerst Menschen und Christen und dann erst Katholiken oder Protestanten bilden sollen; so haben wir Franken nicht Ursache, unsern Anschluß zurückzuhalten. Es würde nicht das beste Licht auf uns werfen, sofern es auch ferner in Franken so still herginge, wenn die Ohren so mancher strebsamen Lehrer darauf lauschen, ob noch immer die geistige Gemächlichkeit von Freunden und Kollegen nicht weichen, das Mißtrauen in den Lehrerherzen nicht erlöschen, die das Herz einengende Kruste der Furcht sich nicht ablösen und das zeitgemäße Bedürfniß der Nothwendigkeit einer Standesgenossenschaft sich nicht Bahn brechen wolle.

Seien wir beseelt von Einem Geiste; es wird sich für ihn dann auch leicht Ein entsprechender Körper bilden!

In **Einheit** vorwärts auf der Bahn des gemäßigten, gesetzlichen Fortschritts, der Ausbildung parlamentarischer Ordnung, damit Franken würdig vertreten sei, wenn über kurz oder lang der bayrische Lehrerverein in Nürnberg tagt!

Lieb wäre es dem Verf. dieser Zeilen, dessen Liebe zu seinem Stande eine unangezweifelte ist, wenn er aus irgend welcher Feder andere Motive beleuchtet sähe, die zur Zeit viele Lehrer vom bayrischen Lehrerverein zurückhalten, und die für ihn vielleicht **unter dem Horizonte** blieben.

* *

II. Lesefrüchte, Allerlei.

1. (**Die 13. allgemeine deutsche Lehrerversammlung**). Bei der diesjährigen **allgemeinen Lehrerversammlung zu Gera** — 10., 11. und 12. Juni — sollen folgende Themata zur Besprechung kommen:

Ueber die Grundsätze, von denen man bei Entwerfung eines Lehrplans ausgehen muß (Lüben). — Die Volksschule als Denkschule (Dr. Riecke). — Soll formale oder materiale Bildung die Aufgabe der Volksschule sein? (Bertheit). — Privat= und Staatsschule (Dr. Meier). — Wie kann eine zweckmäßige Verwendung weiblicher Lehrkräfte die Mädchenerziehung vervollkommnen und zugleich eine Verbesserung der Lehrergehalte herbeiführen? (Janson). — Ueber Charakterbildung (Dr. A. Schmidt). — Was kann die Schule zur Veredlung des Gefühls beitragen? (Tiedemann). — Die Gedächtnißübungen (Chamloth). — Die Pflege der Wahrheitsliebe in Schulen (Dr. Th. Zimmermann). — Der Anschauungs=Unterricht an der Wandtafel (Timmermann). — Die Elementar=, Sprech=, Schreibe= und Lesemethode (Tietlein). — Die Resultate des naturkundlichen und Rechnungsunterrichts in den ländlichen Volksschulen (Dr. Schneider). — Ueber landwirthschaftliche Fortbildungsschulen (Rittinghaus). — Ueber einen bildenden Unterricht in der Geographie (Mösta). — Ueber die Verschiedenheit des physikalischen Unterrichts in Knaben= und Mädchenschulen (Kehr). — Ueber Aufsatzübungen in der Schule (Tiedemann). — Referat über den Stand der Einigung in der Orthographie (Professor Kratz).

2. Der von der allgemeinen deutschen Lehrerversammlung mit der Orthographie=Frage betraute Referent, Herr Dr. Klaunig in Leipzig, ist am 21. Febr. d. J. gestorben. — Seine Collegen widmeten ihm im Leipziger Tagblatte folgenden Nachruf: „Die **städtische Realschule** hat durch den Tod eines ihrer tüchtigsten Lehrer einer herben Verlust erlitten. Herr Dr. phil. **Karl Klaunig**, ordentlicher Lehrer der Geschichte, Geographie und deutschen Sprache, starb am 21. Febr. nach langen, schweren Leiden im 39. Jahre seines Lebens. Gründlichkeit und Vielseitigkeit der Kenntnisse, Sicherheit in der Methode des Unterrichts, Festigkeit und Milde in Handhabung der nöthigen Zucht, Aufrichtigkeit und Treue im collegialischen Verkehr, Gewissenhaftigkeit in der Verwaltung seines Amtes, unablässiges Streben nach Fortbildung und endlich die innige Liebe zu seinen Schülern sichern ihm, wie in den Jahrbüchern unserer Anstalt, so in den Herzen seiner Collegen, Freunde und zahlreichen Zöglinge ein dauerndes, ehrendes Andenken" ꝛc. ꝛc.

(Allg. d. Lehrerz.).

3. (Die **Mitwirkung** der Gemeinde bei der Anstellung der Lehrer der Volksschule betr.) Die berufensten pädagogischen Autoritäten haben sich dafür ausgesprochen, daß es im wohlverstandenen Interesse der Volksschule liege, wenn die Oberschulbehörde allein über die Besetzung aller Lehrerstellen zu entscheiden habe. Ein geregeltes Avancement der Lehrer ist neben tüchtiger Ausbildung derselben die beste Bürgschaft für Gewinnung eines tüchtigen Lehrerstandes, der seinerseits wiederum die beste Bürgschaft für ein tüchtiges Schulwesen gewährt. Die Garantie für ein geregeltes Avancement der Lehrer fehlt aber, wenn ihre Beförderung nicht ausschließlich von der Oberschulbehörde, sondern von den Zufälligkeiten einer Gemeindewahl abhängt. Da kann es kommen, daß der tüchtigste Lehrer niemals eine seinen Leistungen entsprechende Stelle erhält; denn bei einer Wahl durch die Ge=

meinde entscheiden ganz andere Gründe, als die bei einer Schulbehörde maßgebenden; es entscheiden ganz anderer Personen ꝛc. ꝛc. Selbst die beste Gemeinde (d. h. in unserem Sinne, welche ihrem Schulwesen die aufmerksamste Pflege widmet), wird unter gleich guten Lehrern stets dem jungen vor dem alten, dem wohlhabenden vor dem armen, dem unverheiratheten vor dem verheiratheten, dem körperlich kräftigen vor dem schwächeren, dem mit kleiner Familie vor dem mit Kindern reich gesegneten, dem einer Sippe oder einer Partei in der Gemeinde angehörigen vor dem fremden, in der betreffenden Gemeinde nicht bekannten den Vorzug geben. Bei solchem Gebahren fehlt dem Lehrer jede Garantie einer, seiner Dienstführung würdigen allmähligen Beförderung. Kann aber eine solche nicht gegeben werden, wer wird sich dann diesem Berufe noch widmen? ꝛc. ꝛc.

Und weiter: Ein an allen Orten des Landes möglichst übereinstimmendes geordnetes Volksschulwesen wird zur Unmöglichkeit, wenn die Besetzung der Lehrerstellen von einer andern Instanz, als von der mit der Leitung eben dieses Gesammtschulwesens betrauten Behörde abhängt. Nur so kann an jeden Platz der für denselben vollkommen geeignete Lehrer gesetzt, ein immerhin möglicher etwaiger Mißgriff in der Besetzung sofort verbessert und den Bitten einer Gemeinde um Versetzung eines Lehrers leichter nachgegeben werden; nur so kann die Dienstfähigkeit eines Lehrers verlängert werden, insofern der an einer schwereren Stelle, oder in minder gutem Klima fungirende an eine leichtere und klimatisch für ihn passendere, der zur Strafversetzung stehende an eine ferner gelegene Stelle versetzt werden kann, wo ihm Zeit und Gelegenheit zur Besserung gegeben ist; nur so kann mit Sicherheit darauf gerechnet werden, daß jede Schulstelle des Landes, auch die an armen, verwilderten, sittlich verrufenen, weniger günstig gelegenen Orten besetzt werden kann, insofern dem dahin gestellten Lehrer die sichere Aussicht zu Theil wird, nach einigen Jahren eines so schweren Dienstes auf eine bessere Stelle befördert zu werden ꝛc.

Und endlich: Zur tüchtigen unparteiischen Führung eines Schuldienstes gehört das Gefühl der Unabhängigkeit von den Launen der wechselnden Volksgunst, resp. von den Launen der Dorfmagnaten und von allen unsauberen Einflüssen. Wer seiner Dienstinstruction, auf die er beeidigt ist, treu nachlebt, kommt als Lehrer, selbst wenn er von seinem Pfarrer unterstützt wird, oftmals in Conflikt mit den Wünschen unverständiger Eltern. Daß er diesen Conflikt mit Verweigerung von Remunerationen und persönlichen Gehaltszulagen zu büßen hat, das wird ihn nicht vom Wege seiner Pflicht abziehen. Wie aber — wenn er eine Erlösung aus seiner Lage durch Versetzung in Folge einer Wahl nur dann zu hoffen hat, wenn ihm der Ruf vorangeht möglichster Nachgiebigkeit in Handhabung der Schulordnung, möglichster Nachsicht gegen Faulheit und Nachläßigkeit, möglichster Rücksicht gegen die Kinder der Vornehmen? — Man verlange nur nicht, daß der Lehrer ohne Schwächen dastehe! Auch seine Tugend bedarf der Stützen, wie seine Lehrthätigkeit der Anerkennung und der Belohnung."

(Laudhards Reform, 1862).

4. (Der **neue Lehrplan** für die Volksschulen in **Oberbayern**. München, den 15. März 1862).

I. Vorbereitungs=Klasse. (Erstes Schuljahr).

A. Religions=Unterricht. Der Religions=Unterricht wird in den **katholischen** Schulen nach dem von den betreffenden oberhirtlichen Stellen bestimmten Diözesan=Katechismus, in den **protestantischen** Schulen nach den von dem prot. Oberkonsistorium gegebenen Vorschriften ertheilt. Ueber die Betheiligung des Lehrers am katechetischen Unterrichte, sowie über den dabei einzuhaltenden Stufengang sind besondere Weisungen zu gewärtigen. — **B. Sprachunterricht.** a) Richtige Benennung der Dinge, Angabe ihrer leichterkennbaren Merkmale und Beschaffenheiten, Namen von Dingen an verschiedenen Orten 2c. b) Leseunterricht nach der Lautir=Methode. Derselbe beginnt mit passenden Anschauungs= und Sprechübungen, geht dann zur Lehre von den Lauten und Buchstaben und von ihrer Verbindung zu Sylben über und schreitet nach erlangter Fertigkeit im Sylbenlesen zu ein=, zwei= und mehrsylbigen Wörtern fort. c) Kenntniß des einfachen Satzes, jedoch nur praktisch, nicht theoretisch, d. h. Nachsprechen und Bilden kleiner Redesätze. Insbesondere sind die Kinder beim Anschauungsunterrichte anzuhalten, über bekannte Dinge richtige Aussagen zu bilden. d) Praktische Kenntniß der Nenn=, Eigenschafts= und Redewörter, d. h. die Kinder haben die Namen, Eigenschaften, Zustände und Thätigkeiten der Dinge anzugeben. e) Der Aufsatz, hier zunächst die Vorübungen im mündlichen Gedankenausdrucke fallen mit den Anschauungsübungen zusammen, welche in dieser Beziehung dazu dienen sollen, den Vorrath der Kinder an Vorstellungen nach Thunlichkeit zu vermehren und dadurch den Uebungen zum schriftlichen Gedankenausdruck (Aufsatz) vorzuarbeiten. f) Dem Rechtschreiben ist vorzuarbeiten durch Berichtigung der Aussprache, der Sprachtöne und Sprachlaute, sowie durch richtiges Ansetzen der Wörter am Setzkasten. g) Interpunktion. Kenntniß des Schlußpunktes. — **C. Schreibunterricht.** Der Schreibunterricht beginnt, nachdem die Kinder Körper= und Griffelhaltung erlernt, mit passenden Vorübungen. Dieselben können im Nachbilden senk= und wagerechter, schiefer Haar= und Schattenstriche bestehen. Nachdem die Maßlinien auf der Schiefertafel angebracht sind, wird das kleine Alphabet, und zwar in genetischer Ordnung geübt. Daran reiht sich das Schreiben einzelner Sylben, dann Wörter. Auch ist in diesem Jahre schon das Anschreiben der arabischen Zahlzeichen zu lehren. Zur Erzielung einer freien Hand läßt man die Vorübungen sowie die Grundzüge der Buchstaben, welche Anfangs möglichst groß sein sollen, in eigenen Uebungen schreiben. **D. Rechnen.** Anschauliche Entwickelung des Begriffes von Zahl, Einheit, Mehrheit; Zahlübungen innerhalb des Zahlenraumes von 1 bis 10, d. h. Uebungen im Bilden und Zerlegen der Zahlen von 1 bis 10 als Grundlage der 4 Stamm=Rechnungsarten. Auch hat in diesem Jahre die Erlernung des Einmal=Eins, sowie auch das Zahlenschreiben zu beginnen. **E. Nützliche Kenntnisse.** Einzelne Vorbegriffe von Berg, Gebirge, Fluß 2c. **F. Gesang.** Einige leichte Kinderlieder nach dem Gehör.

II. **Erste Klasse.** (Zweites und drittes Schuljahr). A. **Religionsunterricht.** (Siehe die Bemerkung bei der Vorbereitungsklasse!) — B. **Sprachunterricht.** a) Die in der Vorbereitungsklasse begonnenen Anschauungs-Uebungen werden fortgesetzt und verhältnißmäßig erweitert. Eintheilung und nähere Beschreibung der Dinge nach ihrem Stoffe, ihrem Gebrauche ꝛc., Namen von Thieren, Pflanzen, Mineralien, Eintheilung der Zeit ꝛc. b) Während in der Unterabtheilung dieser Klasse mehr auf mechanische Lesefertigkeit zu sehen ist, hat in der Oberabtheilung bereits das Verständig-Lesen (logisches Lesen) in den Vordergrund zu treten. c) Kenntniß der **wesentlichen Satztheile**, woran sich die Kenntniß des **erweiterten Satzes** reiht. Die deßfalls vorzunehmenden Uebungen müssen durchaus **praktischer** Natur sein und bestehen zunächst in der näheren Bezeichnung des Redegegenstandes (Grundding), der Thätigkeit oder des Zustandes desselben, dessen Beschaffenheit (Aussage), sowie in der Angabe der Art und Weise ꝛc. (Beifügung, Ergänzung). d) Kenntniß, vielmehr Uebung im richtigen Gebrauche der persönlichen **Fürwörter**, dann der **Zahl-** und **Geschlechtswörter**, sowie des **Redewortes**; des Letzteren mit besonderer Rücksichtnahme auf die **3 Hauptzeiten**. e) Unter verhältnißmäßiger Steigerung der bisherigen Uebungen ist besonders darauf zu sehen, daß alle Antworten in **vollständigen, logisch richtigen Sätzen** gegeben werden. Hiezu kommt noch das mündliche Nacherzählen kürzerer Lesestücke. f) Uebungen im **Abschreiben des Gedruckten**. Einige Regeln über den Gebrauch der großen Anfangsbuchstaben, über Dehnung und Schärfung. Wie das Auge im richtigen Sehen, so muß das Ohr im richtigen Hören geübt werden. g) Kenntniß sämmtlicher **Unterscheidungszeichen.** — C. **Schönschreiben.** Das große Alphabet wird nun gleichfalls in genetischer Ordnung, sowohl auf der Schiefertafel, als auch auf doppelt linirtem Papier geübt. Darauf folgt das Nachschreiben von Vorschriften auf der Wandtafel. Hiebei ist auf richtige Entfernung, sowie auf richtige Stellung der Buchstaben zu achten. Die Uebungen zur Erzielung einer freien Hand werden fortgesetzt. — D. **Rechnen.** Kenntniß des Zahlenraumes von 10 bis 100, bis 1000 resp. bis zu Zahlen von unbegränzter Ausdehnung, wobei fortwährend die höhere Zahlengröße mit der niederen vorangegangenen verglichen werden muß. Die 4 Grundrechnungsarten mit unbenannten und einfach benannten ganzen Zahlen in leichten Beispielen. Das kleine Einmaleins ist zum geläufigen Vortrage zu bringen und das Zahlenlesen und Zahlenschreiben fortwährend zu üben. Kenntniß der leichteren Guldentheile und ihrer Berechnung. Sofern und solange die Kinder im Operiren mit leichtverständlichen Zahlengrößen geübt werden, wird Kopf- und Tafelrechnen auch nicht völlig geschieden; Letzteres tritt erst da gesondert ein, wenn es sich um das Operiren mit größeren Zahlen handelt.
(Fortsetzung folgt.)

5. Auf Anregung des Lehrers Wolf hat sich in Hochaltingen (bei Oettingen) ein Verein gebildet, welcher „**Verschönerung des Dorfes und landwirthschaftliche Fortbildung**" zur Aufgabe hat, und dessen Mitglieder durch Anpflanzung von Obstbäumen sich bereits ein Denkmal gesetzt haben. (Fr. K.)

6. Am 2. und 3. September d. J. findet zu **Nürnberg die erste Versammlung des bayrischen Lehrervereines** statt.

Briefkasten.

Freund K. in W. Erhalten. Freundlichen Gruß und Dank. — Freund F. in B. Desgleichen. — Freund R. in A. Die gewünschte Zusammenstellung der Schul-Aufbesserungen soll erfolgen, sobald uns noch einige Notizen zugekommen sein werden. Für die mitgetheilte Ansicht herzlichen Dank und Gruß! —

Im Selbstverlage des Herausgebers. — Druck der K. E. Junge'schen Universitätsbuchdruckerei.

Schulblatt für Franken.

Herausgegeben von J. H. Lutz, Schullehrer in Erlangen.

(In Monats-Nummern, halbjährlich für 18 Kreuzer — zu beziehen bei dem Herausgeber, sowie bei allen Postanstalten Deutschlands.)

VII. Jahrg.   Nr. 7.   Juli. 1862.

I. Abhandlungen, Biographien ꝛc.

1. Die Gründung des mittelfränkischen Unterstützungsvereins für dienstuntaugliche Schullehrer.

Dem Artikel VIII. unseres Schulgesetzes entsprechend, haben mehrere Königl. Kreisregierungen noch vor dem Zusammentritte des diesjährigen Landrathes die Gründung von Unterstützungsvereinen für dienstuntaugliche Schullehrer in Angriff genommen. So geschah z. B. die Einberufung von „Vertrauensmännern aus dem Lehrerstande" in der Oberpfalz auf den 6ten, in Unterfranken auf den 14ten, in Oberbayern auf den 27ten, in Mittelfranken auf den 30ten Mai.

Was öffentliche Blätter seitdem über die beßfallsigen Verhandlungen berichteten, ist ein sprechender Beweis für das von allerhöchster Stelle ausgehende Bestreben, das Loos der Lehrer nach jeder Seite hin zu verbessern. Durch die im Schulgesetze ausgesprochene Ziffer waren allerdings auch die bescheidensten Lehrerwünsche in Bezug auf „Versorgung im Alter" nicht befriediget worden, und es mag in dieser Hinsicht bis Mai d. J. wohl im ganzen Bayerlande nur Ein Gefühl der Niedergeschlagenheit und der Bangigkeit die Herzen der Lehrer durchdrungen haben. Gottlob, daß bei Gründung der Pensions-Vereine eine humane Auffassung diesem tödtenden Buchstaben (200 fl!) allenthalben einen belebenden Geist einzuhauchen sich bemühte! Wir haben Erfreuliches in dieser Hinsicht aus anderen Provinzen gelesen, doch — Mittelfranken beneidet keinen der andern Kreise. Die in Ansbach versammelten Vertrauensmänner haben sämmtlich die Ueberzeugung mit nach Hause getragen, daß das uns unvergeßliche Wort unseres allergnädigsten Landesvaters: „Ich liebe die Lehrer etc." durch die hohen Organe unserer Kreisregierung die schönste Verwirklichung gefunden habe.

Den besten Beweis für das so eben Gesagte dürften wohl unsere Statuten liefern. Wir verweisen deßhalb auf den folgenden Aufsatz, da es uns hier vorerst nur darum zu thun ist, unserem Gefühle in Betreff der Art ihrer Entstehung, sowie ihrer unverkürzten Annahme von Seite des hochverehrten Landrathes Ausdruck zu geben.

Zur Regelung unserer Pensionsangelegenheit war durch K. Regierungsrescript der 30. Mai festgesetzt worden. Tags zuvor hatten sich bereits sämmtliche Vertrauensmänner eingefunden, um **unter sich in einer Vorversammlung** den hinausgegebenen Statutenentwurf gemeinschaftlich zu besprechen. Schon das Ergebniß dieser dreistündigen Vorberathung im Saale einer Gartenwirthschaft konnte — wegen des einmüthig zusammenwirkenden, von Vertrauen *) erfüllten Geistes — ein **schönes** genannt werden. Doch **über Erwarten befriedigend, ja wahrhaft erhebend** gestaltete sich das Ergebniß des folgenden Tages. Die ganze Hauptverhandlung im Landrathssaale des königlichen Schlosses bot ein ununterbrochenes Bild des wohlwollendsten Entgegenkommens, des kräftigsten Hinwirkens auf Verbesserung der Lehrerverhältnisse von Seite hoher Kreisregierung, und nachdem sogleich durch die Eröffnungsrede unseres hochverehrten Herrn Kreis=Schulreferenten auch der letzte Sorgenstein Einzelner gehoben war, durchwehte alle Anwesenden ein wohlthuender Geist freudiger Hoffnung, der sich von Stunde zu Stunde zu innigerem Dankgefühle gegen den hochverdienten Leiter der Schulangelegenheiten unseres Kreises umwandelte.

Eine weitere Hebung ihres Lehrergefühls ward der Versammlung beschieden durch die äußerst huldvolle Aufnahme, welche uns (d. h. den zur Begrüßung der Tit. Herren Kreisvorstände abgeordneten Lehrern: Heuner, Lutz, Völkel) **an hoher Stelle** zu Theil wurde. Mit herzgewinnender Freundlichkeit äußerte unser hochverehrter Königl. Regierungspräsident, Herr v. Gutschneider, sich ohngefähr also: „Wir fühlen, daß durch dieses Schulgesetz die berechtigten Wünsche der Lehrer noch nicht erfüllt werden. Doch, wenn Sie heute die Ueberzeugung gewinnen, daß die K. Regierung daraus für Sie zu machen sucht, so viel sie nach den jetzigen Umständen vermag, so ist Uns das sehr erfreulich ꝛc." Eine gleiche Aufnahme fanden wir bei dem Königl. Regierungsdirektor und Landtagsabgeordneten, Herrn Nar. „Sie sind mit ihren Wünschen und Anträgen beim letzten Landtage in eine ungünstige Periode gekommen. Ihre Angelegenheit fiel zusammen mit der Aufhebung des Lotto (wodurch fast 2 Millionen dem Staatseinkommen entgingen) und mit einem vermehrten Militäraufwande. Neue Steuern sollten vom Landtage nicht nach Hause gebracht werden; und so mußten auch Ihre, wie so manche Wünsche anderer Stände, theilweise unerfüllt bleiben. Doch, hoffen Sie auf eine bessere Zukunft! Die K. Staatsregierung erkennt die Wichtigkeit Ihres Berufes vollkommen an. ꝛc."

Summa: Die mittelfränkischen „Vertrauensmänner" haben in Ansbach einen **Ehrentag** gefeiert. Sie sind in ihre Distrikte heimgekehrt mit dankbarer Anerkennung der landesväterlichen Fürsorge für ihr Wohl, mit neuer Liebe zu ihrem Berufe und mit dem freudigen Vorsatze treuester Pflichterfüllung. Und der von ihnen zu Hause verbreitete Geist wird seine gute Wirkung sicherlich nicht verfehlen!

---

*) Herr Regierungsrath Eyselein hatte wenige Wochen vorher den ganzen Kreis bereiset, um durch **persönlichen Verkehr** mit den Amtsvorständen, den Gemeindeverwaltungen und Lehrern die geringeren Schulstellen möglichst schnell auf die gesetzliche Congrua hinauf zu bessern.

Nun noch ein Wort über die **Genehmigung unserer Statuten von Seiten des hohen Landrathes.** — Die hochachtbare Versammlung unserer Kreisvertreter hat, wo es sich um „Erziehung und Bildung" handelte, noch nie die nöthigen Mittel verweigert. Es war daher mit Sicherheit vorauszusehen, daß auch bei der Frage „Versorgung der Lehrer im Alter" das Resultat ein unseren Wünschen entsprechendes sein werde. Die Berichte sagen, daß unsere Statuten mit 31 gegen 1 Stimme genehmiget worden seien, und daß ganz besonders die hochwürdigen und hochverehrten Herren: Dekan **Käppel**, Kirchenrath **Schätzler**, Domkapitular **Stockinger**, Prof. Dr. **Schmidtlein**, Bürgermeister **Kelber**, Kaufmann **Puscher** sich aufs wärmste unserer Sache angenommen haben. Allen diesen genannten (und auch den von uns nicht gekannten) Mitgliedern der hochgeehrten Versammlung den innigsten, tiefgefühltesten Dank aller mittelfränkischen Lehrer! Lutz.

---

2. Die Versammlung der Vertrauensmänner Mittelfrankens zur Berathung der Statuten über den neuzubildenden Unterstützungsverein für dienstuntaugliche Schullehrer.
(Mitgetheilt von dem Secretär der Vor- und Hauptberathung,
Cantor **Pickel** zu Merkendorf.)

Hauptberathung am 30. Mai d. J. im Landrathssaale des kgl. Schlosses zu Ansbach. Zahl der Vertrauensmänner 46; Anfang der Sitzung, nach Uebergabe der Legitimationen, früh 8 Uhr, eröffnet durch den kgl. Kreisschulreferenten, Herrn Regierungsrath Eyselein, mit einer kurzen herzlichen Ansprache, in welcher derselbe auf das Gesetz v. 10. Nov. 1861 Art. VIII. und auf eine Ministerialverfügung hinwies, welche die heutige Versammlung hervorrief. Schließend mit dem Wunsche, daß die heutige Berathung zum Heile des Lehrerstandes unseres schönen Kreises mit Gottes Segen begleitet sein möge, begann die Debatte über die Statuten im Allgemeinen.

(Völkel.) Die Lehrer erkennen an, welche Wohlthat ihnen durch das Gesetz vom 10. Nov. 1861 zu Theil geworden ist. Die hohe Staatsregierung habe sich bemüht, das Loos von Tausenden ihrer Lehrer wesentlich zu verbessern und hat sich dieselbe in den Herzen dieser ein Denkmal der Dankbarkeit errichtet. Unsere Besoldungsverhältnisse ruhen fürder auf einer gesetzlichen Basis. Nur hat das Gesetz im Art. VIII. große Bedenken erregt und die Aussicht für die Zukunft und das Alter der Lehrer sehr getrübt. In der Hoffnung, daß die k. Regierung v. M., die so edel für die Lehrer bisher besorgt war, nicht nach dem Wortlaut des Gesetzes mit alten oder sonst unverschuldet dienstuntauglichen Lehrern verfahren werde, beantragt derselbe, daß kein Schullehrer seines Dienstes enthoben, sondern ihm ein Vertreter bei unverschuldeter Dienstuntauglichkeit beigegeben werden möge. (Dieser Antrag wird allseitig unterstützt.)

(Winkler.) Nach Art. I. des Ges. ist die Schule Gemeindeanstalt. Ist der Lehrer im Dienste der Gemeinde unverschuldet untauglich geworden, so ist die Gemeinde verpflichtet, auch einen Unterhaltsbeitrag für denselben zu gewähren. Er beantragt daher, daß die Gemeindeconcurrenz in dieser Beziehung zur prinzipiellen Nothwendigkeit erhoben werde. (Vielseitig unterstützt.)

(Herr Regierungsrath Eyselein.) Die k. Regierung wird künftig auch dahin wirken, daß die Gemeinden wie bisher ihrer Verpflichtung, einen Sustentationsbeitrag zum Unterhalt ihrer dienstuntauglichen Lehrer zu leisten, ohngeachtet des Pensionsvereins, nicht enthoben werden sollen.

Bomhardt wünscht, daß ein Passus in diesem Sinne in die Statuten aufgenommen werden möge.

(Völkel.) Im Interesse des Lehrerstandes dürfte es gut sein, wenn Bezirksvereine gebildet würden, von denen eine gutachtliche Aeußerung über beantragte Pensionirungen durch die Verwaltungscommission jedesmal erholt werden müßte. (Dieser Antrag fand lebhafte Unterstützung.)

Herr Regierungsrath hat gegen Errichtung solcher Vereine unter den Lehrern nichts zu erinnern.

Hiemit wurde die Debatte, an der sich außer den Genannten viele Lehrer unterstützend und näher erörternd, betheiligten, geschlossen und Lehrer Heuner v. A. aufgefordert, den von ihm auf Grund der gestrigen Vorberathung völlig umgearbeiteten Statutenentwurf, der sich über Zweck und Aufnahme, Einnahmen und Ausgaben, Pensionsquote und Verwaltung des Vereins verbreitet, vorzulesen, welcher, unter Vorbehalt der speziellen §§., einstimmig angenommen wird.

Zu §. 1 beantragt Herr Regierungsrath am Ende desselben den Beisatz: welcher unter der unmittelbaren Aufsicht der k. Kreisregierung, K. d. J. steht. (Einstimmig angenommen.)

§ 1 lautet also: Dem Gesetze vom 10. Nov. 1861 Art. VIII. gemäß, tritt mit dem 1. Okt. 1862 ein Unterstützungsverein für die Schullehrer in M. als Kreisanstalt in's Leben, welcher unter der unmittelbaren Aufsicht der k. Kreisregierung K. d. J steht.

Völkel wünscht, daß seinem bei der allgemeinen Berathung ausgesprochenen Antrage gemäß bei § 2 nach den Worten einen Unterhaltsbeitrag — die Worte: „ihrer Vertreter" eingeschaltet werden möchten.

Herr Regierungsrath ist gegen Aufnahme dieser Worte. Das Gesetz ist klar; es spricht von Pensionirungen der Lehrer und nicht von Aufstellung und Honorirung der Stellvertreter, resp. Gehülfen für dieselben. Bisher wurden die dienstuntauglichen Lehrer mit einem Unterhaltsbeitrag gleichsam willführlich ohne Beiziehung der Gemeinden bedacht; von nun an aber beziehen quieszirte Lehrer 200 fl. als Recht, weil ein Gesetz vorhanden ist, das diese Summe als Minimum bezeichnet.

Derselbe wiederholt, daß die k. Reg. die Gemeinden im Pensionsfalle des Lehrers zu Zuschüssen anhalten werde. Vogelhuber wünscht und beantragt, daß der Lehrer bei nachgewiesener unverschuldeter Dienstesunfähigkeit in seinem bisherigen Diensteseinkommen belassen werden möchte.

Wird allseitig unterstützt und sprechen hiefür viele Lehrer, indem sie auf die traurige Lage hinweisen, in die ein Lehrer kommen kann durch anhaltende Kränklichkeit bei zahlreicher Familie, unversorgten Kindern ꝛc. seines Dienstes enthoben zu werden.

Herr Regierungsrath gibt die beruhigende Zusicherung, daß die k. Reg. keinen Lehrer von der Stelle thun werde, sondern daß sie jedesmal bei der

Dienstesunfähigkeit ihn auf seinem Posten zu belassen und ihm einen Gehilfen beizugeben gedenke.

Derselbe schlägt vor, § 2 mit dem Beisatz anzunehmen: „vorbehaltlich der ihnen von der Gemeinde zu leistenden Unterstützung". (Angenommen.)

§. 2 lautet also: Der Zweck des Vereins ist, den wegen unverschuldeter Dienstuntauglichkeit vom Dienste enthobenen Schullehrern einen Unterhaltsbeitrag zu gewähren, vorbehaltlich der ihnen von der Gemeinde zu leistenden Unterstützung. Heuner wünscht, daß folgender Antrag als Bitte in das Protocoll aufgenommen werde:

Kgl. Regierung wolle mit den Lokalschulkommissionen oder Magistraten der Städte, welche bisher die Pensionen für ihre dienstuntauglich gewordenen Lehrer blos aus städtischen Mitteln geleistet haben, in's Benehmen treten und mit ihnen die Pensionsverhältnisse auf eine für die Lehrer möglichst günstige Weise besonders regeln. (Wird von den Vertretern aus größeren Städten unterstützt und einstimmig angenommen.)

§. 3. Mitglieder des Vereins sind gesetzl. sämmtl. Schullehrer an den öffentlichen deutschen Schulen v. M. und zwar ohne Unterschied des Glaubensbekenntnisses. Die bereits Angestellten sind es vom Tage der allerh. Genehmigung der Statuten an, die erst später Angestellten vom Tage ihrer Ernennung an. Eine Beitrittserklärung oder Aufnahmsfunde ist nicht erforderlich. (Einstimmig angenommen.)

Zu §. 4 wünscht Görner, daß die mit Anstellungsdecret versehenen Schulprovisoren vom Pensionsverein nicht ausgeschlossen sein sollen, sondern deren Beitritt sogar zur Bedingung erhoben werde. Dieser Antrag findet allseitige Unterstützung und sprechen mehrere Lehrer in eingehender Beleuchtung für denselben.

(Herr Regierungsrath.) Das Gesetz spricht nur von Aufnahme der wirklichen Schullehrer in den Pensionsverein und die stenogr. Berichte über die Berathung des Gesetzes in der h. Ständekammer weisen nach, daß nur diese gemeint sind. Er beantragt aber, die Bitte in das Protocoll aufzunehmen: Die hohe k. Staatsregierung möge den Beitritt der Schulprovisoren zum Pensionsverein nicht versagen. Angenommen.

§. 4 lautet: Ausgeschlossen sind:
a) die Schulgehilfen und Schulverweser;
b) die Lehrer, welche zur Zeit, da der Verein ins Leben tritt, schon ständig pensionirt sind; diese bleiben in dem Bezug der für sie ermittelten Quiescenzgehalte.

§. 5. Lehrer, welche von Mittelfr. in einen andern Regierungsbezirk übergehen, hören damit zugleich auf, Mitglieder des diesseitigen Vereins zu sein, und solche, welche von einem andern Regierungsb. an M. übergehen, werden dadurch Mitglieder des dießs. Vereins. Eine Rückzahlung der Beiträge und resp. Nachzahlung findet nicht statt, vorbehaltlich der Reciprocität. (Einstimmig angenommen.)

§. 6. Die Einnahmen des Vereins sind:
a) die gesetzl. Beiträge aus Centralfonds,
b) die Eintrittsgelder der Mitglieder,
c) die jährl. Beiträge der Mitglieder,
d) die Zinsen der angelegten Kapitalien,
e) die Ergänzungszuschüsse aus Kreisfonds,

f) allenfallsige besondere Zuschüsse aus Legaten, Schenkungen ꝛc. (Einstimmig angenommen.)

§. 7. Die Zuschüsse aus Kreisfonds normiren sich nach Art. VIII. des betreffenden Gesetzes. (Angenommen.)

Zu §. 8 schlägt Herr Regierungsrath vor, den jährlichen Beitrag von 1 fl. auf 1 fl. 30 kr. für jedes Mitglied zu erhöhen. (Einstimmig angenommen.)

§. 8 lautet: Das Eintrittsgeld eines Mitgliedes beträgt zwei Gulden, der jährliche Beitrag einen Gulden dreißig Kreuzer. Schneider will auch die Lokalschulcassen mit einem Beitrag von 1 fl. jährl. zum Pensionsverein beigezogen wissen. Dieser Antrag wird lebhaft unterstützt und sprechen hiefür unter gehöriger Motivirung mehrere Lehrer.

(Herr Regierungsrath.) Da sich für diesen Antrag sämmtliche Vertrauensmänner entschieden, so schlägt derselbe vor, diesen Antrag als Bitte in das Protocoll aufzunehmen. (Dieser Vorschlag wird einstimmig angenommen.)

§. 9. Die jährl. Beiträge werden praenumerando bis 15. Octbr. jeden Jahres kostenfrei bei der Districtskasse eingezahlt. Angenommen.

§. 10. Lehrer, welche Unterstützungsbeiträge aus der Vereinskasse beziehen, sind von der Leistung der Jahresbeiträge befreit. Angenommen.

§. 11. Von jedem nach dem 1. Octbr. 1862 neu angestellten Schullehrer ist der Jahresbeitrag für das laufende Semester voll zu zahlen. Angenommen.

§. 12. Die Eintrittsgelder, sowie die besonderen Zuflüsse §. 7. ff, werden abmassirt und bilden ausschließlich ihrer Zinsen das unangreifbare Stammvermögen. Angenommen.

Zu §. 13. beantragt Strauß den Zusatz: Die Enthebung vom Dienste soll jedoch nur dann stattfinden, wenn dem Zwecke und der Aufgabe der Schule durch Beigabe eines Gehilfen nicht entsprochen werden kann. Dieser Antrag fand allseitige Unterstützung und sprechen hiefür unter anderen Schön, Oertel, Vogelhuber ꝛc. Strauß bittet, die hohe k. Regierung möge auch künftig, wie bisher, milde und schonend mit Pensionirungen verfahren.

Herr Regierungsrath gibt die beruhigende Zusicherung, daß so milde und schonend, als nur möglich mit Dienstenthebungen verfahren werden solle. Derselbe hat gegen Aufnahme des fragl. Zusatzes in den Statuten nichts zu erinnern und beantragt, daß denselben die Worte „in der Regel" noch beigesetzt werden sollen. Angenommen.

§. 13. lautet also: Jedes Mitglied des Vereins, welches wegen hohen Alters, Krankheit, körperlicher und geistiger Gebrechen seines Schuldienstes enthoben wird, hat Anspruch auf einen Unterhaltsbeitrag aus den Einkünften des Vereins. Die Enthebung vom Dienste soll jedoch in der Regel nur dann stattfinden, wenn dem Zwecke und der Aufgabe der Schule durch Beigabe eines Gehilfen nicht entsprochen werden kann.

§. 14. Die Dienstesenthebung ist entweder eine nachgesuchte, oder eine gegebene, eine ständige, oder eine temporäre. Angenommen.

Zu §. 15 schlägt Strauß vor, die Worte zu setzen: „und der Lehrer des Districts begutachtet sind." Fand allseitige Unterstützung und wird angenommen.

§. 15 lautet also: Gesuche um Pensionirung können nur berücksichtigt werden, wenn sie durch das Gutachten der Local= und Distrikts=Schulbehörden, sowie durch das Zeugniß des treffenden Bezirksarztes begründet und von den Lehrern des Districts begutachtet sind.

Strauß beantragt, daß im §. 16 statt 200 fl. 300 fl. gesetzt werden sollen. (Einstimmig angenommen.)

§. 16 lautet: Der Unterhaltsbeitrag aus der Vereinskasse wird auf 300 fl. festgesetzt.

§. 17. Die Auszahlung erfolgt in vierteljährigen Raten, und zwar Anfangs Januar, April, Juli, Octbr. jedes Jahres postnumerando gegen eine stempelfreie Quittung.

Die Quittungen sind mit einem Lebenszeugnisse und der weiteren Bescheinigung der k. Lokalschulinspection zu versehen, daß die Ursache der Dienstesenthebung noch fortdauert. In Sterbefällen kommt den Erben noch der Bezug für den Sterbe= und Nachmonat zu. (Angenommen.)

Höchstetter beantragt, dem §. 18 die Worte „förmliche Auswanderung" noch beizusetzen. (Angenommen.)

§. 18 lautet also: Die Ansprüche auf Pension aus der Vereinskasse erlöschen durch förmliche Auswanderung, freiwilligen Dienstaustritt, definitive Dienstesentlassung und durch Verwendung an einer andern öffentlichen Stelle. Rückersatz der geleisteten Zahlungen findet nicht statt.

§. 19. Die Organe, durch welche die Angelegenheiten und Geschäfte des Vereins besorgt werden, sind

a) die Verwaltungscommission, b) die Districtskassiere. (Ohne Einrede angenommen.)

Salffner beantragt zu §. 20, daß die Verwaltungscommission aus 6 Mitgliedern bestehen möge, wovon 4 in der Stadt Ansbach und 2 von Ansbachs nächster Umgebung zu wählen sind. Dieser Antrag wird diesmal von Oertel unterstützt und besonders vertreten und endlich angenommen.

§. 20 lautet also: Die Verwaltungscommission besteht aus einem Vorstand und 6 Mitgliedern, welche Mitglieder des Vereins sein müssen und wovon 4 der Stadt, und 2 der nächsten Umgebung anzugehören haben.

§. 21. Der Vorstand der Commission ist der jeweilige Referent der k. Kreisregierung für das deutsche Volksschulwesen, welcher sich im Verhinderungsfall durch ein Kollegialmitglied der k. Regierung vertreten lassen kann. (Angenommen.)

§. 22. Abgehende Mitglieder der Verwaltungscommission werden von dieser selbst ergänzt.

Gewählt wurden sogleich und zwar einstimmig:

Lehrer Heuner, Fleischmann, Enderlein und Albrecht von Ansbach, Görner von Hennenbach und Huber von Eyb.

Bei Berathung des §. 23 wurde beschlossen, den Wunsch im Protocoll niederzulegen, daß die bei der Wittwenkasse fungirenden Lehrer bei der neuen Pensionskasse zugleich als Kassier, Controleur und Secretär zu fungiren haben.

(Schluß folgt.)

II. Leseftüchte, Allerlei.

1. (Eingesandt.) Die vor beinahe 2 Jahren beantragte **Erhöhung der oberfränkischen Lehrer-Relikten-Pensionen** hat unter geneigter Mitwirkung des jüngst versammelten Landrathes durch Beschluß k. Regierung vom 17. d. M eine günstige Erledigung gefunden. Nach diesem Beschlusse wird den Wittwen und Waisen der drei Klassen vom 1. Oct. d. J. an eine um 25 Proc. erhöhte Pension zu Theil, ohne daß die Lehrer selbst höhere Beiträge, als bisher, zu leisten haben. Demnach hat künftig jede Wittwe der I. Klasse 100 fl., jede einfache Waise 20 fl., jede Doppelwaise 30 fl., jede Wittwe der II. Kl. 75 fl., jede einfache Waise 15 fl., jede Doppelwaise 22½ fl., jede Wittwe der III. Kl. 50 fl., jede einfache Waise 10 fl. und jede Doppelwaise 15 fl. jährlich zu beziehen. Auch auf die Mitglieder der Anstalt, welche in **andern Provinzen** dienen, oder einen andern Beruf ergriffen haben, ist diese Wohlthat auf ganz gleiche Weise ausgedehnt worden.

2. (**Lehrervereins-Angelegenheit** betr.) Ein Freund in **Augsburg** schreibt uns: „Auch in A. hat sich in neuester Zeit ein Lokal-Schullehrerverein gebildet, der aber durchaus nicht die Tendenz hat, etwas Apartes zu besitzen und isolirt zu bleiben, dessen Statuten vielmehr absichtlich so gehalten sind, daß sie den **Anschluß an einen andern Verein** gestatten, so bald dieser Schritt als rathsam erscheint. Zuvörderst aber stellt uns die Besonderheit der hiesigen Verhältnisse so viele besondere Aufgaben, daß eine Thätigkeit ins Weite und Große unsere Kraft zersplittern müßte. Der friedliche Aufund Ausbau des eigenen Hauses ist unsere nächste Sorge, und daneben nehmen wir die Gelegenheit wahr, auch in den übrigen Städten Schwabens für das Vereinswesen zu wirken. Wir wahren dabei dem „bayerischen Lehrerverein" unsere freundliche Gesinnung und unsere unverwandte Aufmerksamkeit und sind uns bewußt, demselben in keiner Weise entgegenzutreten, sondern — so viel an uns ist — seine Zwecke fördern zu wollen. Von mancher Seite scheint übrigens nachgerade der wirkliche Anschluß an den „bayr. Lehrerverein" zum Schiboleth gemacht zu werden, und dagegen möchten wir uns um so mehr verwahren, davor möchten wir um so nachdrücklicher warnen, als ein „Hie Welf! Hie Waiblingen!" der Gesammtheit eines Standes nicht heilsam sein kann, der sich die Stellung, welche ihm eine gedeihliche Wirksamkeit sichert, erst erringen muß ɔc. Ist denn Rom in Einem Tage gebaut worden? und muß ein das ganze Land umspannender Verein schon im ersten Jahre alles Beitrittsfähige annexirt haben?"

Briefkasten.

Herrn Dr. D. in W. So bald als möglich briefliche Antwort. Das erwähnte Verbot wird uns hoffentlich nicht lange mehr beengen. Herzlichen Gruß! — Herrn G...r. Recht vielen Dank für die Mittheilung der Aufgaben! — Herrn K in G. Kommt nächstens. — Herrn P. in M. Freundlichen Dank und Gruß! — Eine Bitte des Herausgebers: In dem Aufsatze Nr. 2 (der kein stenographischer, vollständiger Bericht, sondern eine Zusammenfassung des Wichtigsten ist) fehlen einige Namen von Vertrauensmännern, die sich ebenfalls bei der Debatte gut betheiligten. Wir nennen hier als Beispiel nur Hartmann. Möge darum in keinem Districte die Thätigkeit der einzelnen Abgeordneten strenge nach diesem Berichte beurtheilt werden!

Im Selbstverlage des Herausgebers. — Druck der K. E. Junge'schen Universitätsbuchdruckerei.

Schulblatt für Franken.

Herausgegeben von J. H. Lutz, Schullehrer in Erlangen.

(In Monats-Nummern, halbjährlich für 18 Kreuzer — zu beziehen bei dem Herausgeber, sowie bei allen Postanstalten Deutschlands.)

VII. Jahrg.   Nr. 8.   August. 1862.

I. Abhandlungen, Biographien rc.

1. Aufgaben bei der am K. Schullehrer-Seminar zu Schwabach vom 11. bis 18. Juni abgehaltenen Anstellungs-Prüfung.

Die diesjährige Anstellungsprüfung im Schullehrerseminar zu Schwabach fand unter der Leitung des königl. Kreisscholarchen und Professors Herrn Maurer statt. Dabei wurden folgende Anforderungen an die gegenwärtigen 28 Exspectanten (wovon 25 aus Mittelfranken und 3 aus Schwaben waren) gestellt.

A. Schulpraxis.

Katechisiren über Bibelsprüche mit Beziehung auf die treffenden Katechismusworte (Oberklasse), sowie über biblische Erzählungen (Mittelklasse.)

Praktisches Schulhalten: Beschäftigung aller Schülerklassen und Unterrichten Einer Abtheilung in der Wort- und Satzlehre, in der Anfertigung von Geschäftsaufsätzen, — Anschauungsunterricht u. s. w.

B. Lehrfach.
(I. Mündliche Prüfung.)

Biblische Geschichte: Gründung und Ausbreitung der christlichen Kirche unter Juden und Heiden.

Katechismuslehre: Das VI. Hauptstück mit besonderer Berücksichtigung der treffenden Bibelsprüche, sodann Fragen aus dem IV. und V. Hauptstück.

Grammatik: Das Verbum mit Zugrundlegung eines Lesestücks.

Lesen: Nr. 78 aus dem III. Theil des Lesebuchs von Ph. Wackernagel: „Das befreite Jerusalem."

Mündliches Rechnen: a) Ein Bauunternehmer bot bei einer an den Wenigstfordernden versteigerten Arbeit 15 Proc. ab und erhielt 620½ fl. ausbezahlt; wie hoch waren die Baukosten veranschlagt? (I. Abtheilung.)

b) Ein Mann verkauft eine Klafter Holz, welche er soeben um 16 fl. 20 kr. gesteigert hat und nach ½ Jahr zahlen muß, um 14 fl. 40 kr., weil er augenblicklich in Geldverlegenheit ist. Wie viel Procent Zins muß er so zahlen?

Erziehungslehre: Die Rücksicht auf Bewegung des menschlichen Körpers („Körperpflege") und Erziehung zur Gewissenhaftigkeit und Wahrhaftigkeit („sittliche Pflege.")

Unterrichtslehre: Fragen über Gesang-, Anschauungsunterricht, Hausaufgaben u. s. w. als Grundlage der Recension der abgehaltenen Proben in der Schulpraxis.

Geschichte: Phönizier, Assyrer und Griechen.

Geographie: Stromsystem und Stromgebiet der Donau und des Rheins.

Naturgeschichte: Entwicklung, Ernährung und Theile der Pflanzen, und aus der technischen Pflanzenkunde: Herkunft und Verwendung folgender Pflanzenstoffe: Spargel, Hopfen, Sago, Zimmt, Zucker, Kapern, Safran, Pfeffer, Nelken, Cichorie, Thee, Gerbsäure, Baumwolle, Chinarinde, Enzian, Campher.

Naturlehre: Schalllehre mit besonderer Rücksicht auf die musikalischen Instrumente.

Landwirthschaft: Bodenkultur und Düngerlehre.

(2. Schriftliche Prüfung.)

Aufsatzthema: Worin besteht der rechte Gehorsam? und wie kann der Lehrer denselben bei der Jugend erwecken und erhalten?

Orthographie: An der schriftlichen Darstellung des Aufsatzes geprüft.

Schriftliches Rechnen: a) Wie heißt das Kapital, welches mit seinen Zinsen zu 4 Proc. nach 10 Monaten $2149\frac{1}{3}$ fl. betrug? b) A läßt sich einem Wagen Steinkohlen von Zwickau kommen. Sie wiegen 98 Zollzentner und kosten 32 fl.; für Fracht hat er 24 fl. zu bezahlen; wie viel Procent gewinnt er, wenn er den bayr. Centner um 48 kr. verkauft? c) Ein Grundbesitzer zieht auf einer Wiese Entwässerungsgräben, welche zusammen 3328' lang sind; die Gräben sind oben $2\frac{1}{2}'$ unten $\frac{3}{4}'$ weit und $1\frac{3}{4}'$ tief: Wie hoch kann er 20 Decimalen Wiese mit der ausgeworfenen Erde auffüllen? d) Wie schwer ist ein Vereinsthaler, da derselbe $\frac{1}{10}$ Kupfer enthält und aus 1 Pfd. feinem Silber $52\frac{1}{2}$ fl. geprägt werden? (Decimalbruch!) e) Welche Bedeutung hat das Stellenabschneiden in der Division 5264 : 80?

Kirchendienst: 1) Arien bei Leichenbegängnissen. a) Welche Gedanken hat Examinand über dieselben? b) Wie meint er diese Gedanken vorkommenden Falls in's Werk setzen zu können? 2) Kirchenglocken. a) Verschiedene Anwendung derselben (nach Zeit und Bedeutung.) b) Was ist hiebei von Seite des Kirchners zu beobachten?

Generalbaß-Theorie: a) Worin liegt die Uebereinstimmung und worin zeigt sich die Verschiedenheit des eigentlichen und des uneigentlichen Dreiklangs der 7. Stufe? b) Es sind Accorde zu benennen, welche die verschiedenen Quarten und Sexten, sowie die übermäßige und verminderte Quinte enthalten! (Für jeden Fall ist ein Accord anzugeben!) c) Worin unterscheidet sich die phrygische Tonart von unserm Dur und Moll? und welche chromatische Vorzeichnung hat dieselbe, wenn sie auf dem Tone a, und welche, wenn sie auf dem Tone cis dargestellt ist? d) Welches sind die wichtigsten Theile einer Fuge? e) Es soll eine Orgel mit 6 Registern gebaut werden; welche Disposition könnte dieselbe bekommen?

Schreiben. 1) Schönschreiben: Deutsch und lateinisch. Alphabet. 2) Geschäftshand: an der Reinschrift des Aufsatzes geprüft.

C. Kunstfertigkeiten.

Zeichnen. 1) Freihandzeichnen: Ornamente. 2) Geometrisches Zeichnen. Zeichnen eines 6=, 7=, 8=, 9=, 10=, 11=, 12=Eckes in excentrischen Kreisen auf ein und derselben Grundlinie.

Musik.

Gesang: Singen zweier Gesangbuchmelodien und einer Arie.

Orgelspiel: Phantasiren, Spielen zweier Choräle, wozu gesungen werden mußte, und Abspielen eines vorgelegten Präludiums.

Clavierspiel: Spielen eines eigens dazu komponirten Stückes aus B-dur.

Violinspiel: Spielen eines bis in die 6. Position sich verbreitenden Uebungsstückes.

Generalbaßspielen: Ein bezifferter Baß war zu zwei= und dreistimmigen Accorden zu ergänzen. G—lst—.

---

2. Die Versammlung der Vertrauensmänner Mittelfrankens zur Berathung der Statuten über den neuzubildenden Unterstützungsverein für dienstuntaugliche Schullehrer.

(Mitgetheilt von dem Secretär der Vor= und Hauptberathung, Cantor Pickel zu Merkendorf.)

(Schluß.)

§. 23 lautet: Aus den Mitgliedern der Kommission ernennt die k. Regierung den Kassier der Anstalt, sowie den Controleur und den Secretär. Für sie gelten dieselben Bestimmungen, wie sie in den §. 79—101 der Statuten für die Wittwen=Pensions=Anstalt der Lehrer von M. getroffen sind.

§. 24. Der Hauptkassier hat eine von der k. Regierung festzusetzende Kaution zu stellen und wird für seine Function verpflichtet. (Angenommen.)

§. 25. Die Besoldung des Kassiers, Controleurs und Secretärs wird von der k. Regierung nach Maßgabe des Geschäftsumfangs festgesetzt und eingewiesen. (Angenommen.)

§. 26. Die Verwaltungscommission hat überhaupt das Interesse der Anstalt zu wahren. Insbesondere kommt ihr zu:
  a) die Ueberwachung des gewissenhaften Vollzugs der Satzungen,
  b) gutachtliche Aeußerungen bei Dienstesenthebungen,
  c) die Interpretation der Statuten, sowie die Berathung und Beschlußfassung über alle Fälle, welche in den Statuten nicht vorgesehen sind,
  d) die Anlegung und Zurücknahme von Stockkapitalien;
  e) die primitive Prüfung und Feststellung der Rechnung mit Ausschluß des Kassiers,
  f) die Vorlage der Rechnung bei der k. Regierung zur Revision, von welcher sie an den versammelten Landrath gelangt,

g) Anträge, welche eine Aenderung der Statuten bezwecken. (Ohne Einrede einstimmig angenommen.)

§. 27. Anträge, welche eine wesentliche Aenderung der Statuten betreffen, werden von der Verwaltungskommission den Vereinsmitgliedern zur Abstimmung vorgelegt. (Angenommen.)

§. 28. Die Distriktskassiere, deren in jedem Bezirk einer ist, werden von den wirklichen Lehrern des Distrikts und zwar von 3 zu 3 Jahren im Monat September gewählt, wobei 2 Drittheile der Stimmberechtigten zugegen sein müssen. (Einstimmig angenommen.)

§. 29. Die Wahl unterliegt einer Bestätigung nicht, jedoch ist bei mangelhafter Geschäftsführung eines Kassiers auf den Antrag der Verwaltungscommission ein anderer zu wählen. (Angenommen.)

§. 30. Für die Districtskassiere gelten die Bestimmungen von §. 116 bis 121 der Wittwen-Pensions-Anstalt. (Angenommen.)

§. 31. Ueber alle Differenzen und Recurse entscheidet auf den Vortrag und auf das Gutachten der Verwaltungskommission die k. Kreisregierung, gegen welche auf ihre Entscheidung eine 30tägige Recursfrist an das k. Staatsministerium des Innern für Kirchen- und Schulangelegenheiten, sowohl der Verwaltungscommission, als den betheiligten Mitgliedern des Vereins freisteht. (Angenommen.)

Nach dieser speziellen Berathung wurden die Statuten vorgelesen und en bloc angenommen. Zugleich traf der k. Herr Regierungsrath die Anordnung, daß diese Statuten noch am nämlichen Tage autographirt wurden, damit 1 Exemplar derselben jedem Vertrauensmann eingehändigt werden konnte.

Schneider votirt dem Herrn Regierungsrath Eyselein für die umsichtige, humane und dem Lehrerinteresse so wohlwollende Leitung der heutigen Berathung einen herzlichen Dank, in welchen die Versammlung von ganzem Herzen einstimmte.

(Maier.) „Zu der Freude über das schöne Zustandekommen eines mittelfr. Lehrerunterstützungsvereins, die gegenwärtig jedes anwesende Lehrerherz bewegt, kann ich noch eine fügen. Es hat mir nämlich Herr Stadtpfarrer und Distr.-Insp. Fischler von Iphofen 50 fl. baar eingehändigt, dieselben als Geschenk dem neuen Verein zu überbringen."

Die Versammlung gab ihren Dank durch Erheben von ihren Sitzen zu erkennen. — Hiemit wurde die Sitzung um 1 Uhr beendigt.

Nachdem von 3 Uhr Nachmittags an die Redaction des Protocolls vor sich ging, fanden sich um 5 Uhr die Vertrauensmänner im Landrathssaale wieder ein. Herr Regierungsrath las dasselbe, in welchem alle Wünsche und Bitten niedergelegt waren, laut ab. Am Schlusse des Protokolls wurde der humanen Interpretation des Schulgesetzes von Seite des hohen k. Staatsministeriums und der Mühe und Aufopferung beim Vollzug desselben durch den k. Kreisschulreferenten im besonderen Dankgefühle der anwesenden Lehrer gedacht.

Unvergeßlich wird aber jedem Vertrauensmann der Moment bleiben, in welchem Lutz (anknüpfend an die Worte aus königl. Munde: „Ich liebe die Lehrer") das Wort ergriff und in warmer, zu Herzen bringender Rede die Liebe, Huld und Vatersorge schilderte, die Se. Majestät unser allverehrter König Max dem Lehrerstande bewiesen und fortwährend angedeihen läßt. In das dreimalige „Hoch!" auf unsern allgeliebten Landesvater stimmten alle Anwesenden unter allgemeiner Rührung und aus voller Seele ein. Es kann in Wahrheit gesagt werden: Kein Auge blieb thränenleer!

Nach einem kurzen, herzlichen Abschiedsworte von Seite des Herrn Regierungsrathes wurde diese Sitzung nach vollzogener Unterschrift des Protocolls um 6 Uhr geschlossen.

II. Lesefrüchte, Allerlei.

1. Der neue Lehrplan für die Volksschulen in Oberbayern. (Fortsetzung).

Erste Klasse. E. Nützliche Kenntnisse. Geographie: Kenntniß der H.imath, des Kreises. Naturgeschichte: Anleitung zu freudiger Betrachtung der Natur, charakteristische Merkmale einzelner bekannter Thiere. — F. Gesang. Einige Schullieder nach dem Gehör. — G. Zeichnen. Schließt sich an das Schreiben an — Kenntniß der Linien nach ihren verschiedenen Richtungen.

Zweite Klasse. (Viertes und fünftes Jahr.)
A. **Religionsunterricht.** (Wie vorhin.) — B. **Sprachunterricht.**
a) Fortsetzung der Anschauungs=Uebungen, insbesondere Benennung der nothwendigen und zufälligen Eigenschaften, der Zustände und Thätigkeiten der Gegenstände (Dinge), dann Uebungen im Vergleichen und Unterscheiden durch Angabe der Merkmale, welche Dinge mit einander gemein und nicht gemein haben. b) Vorausgesetzt, daß die Schüler dieser Klasse die Schwierigkeit der mechanischen Lesefertigkeit überwunden haben, ist nun dem Verständiglesen (dem logischen Lesen) volle Aufmerksamkeit zu schenken. Dabei ist fortwährend auf deutliche und richtige Aussprache, auf Beachtung der Unterscheidungszeichen und auf einen natürlichen Leseton zu bringen. c) Kenntniß des zusammengesetzten, des zusammengezogenen, sowie des verkürzten Satzes, welche den Kindern lediglich auf praktischem Wege, d. h. durch fortlaufende Uebungen im Bilden, resp. Zergliedern solcher Sätze beizubringen ist. d) Kenntniß sämmtlicher Redetheile und ihrer durch die verschiedenen Satzverhältnisse gebotenen Veränderungen. (Beugung, Steigerung, Abwandlung.) e) Nachbilden vorgelesener kleiner Erzählungen; kurze Beschreibungen, insbesonders solcher Gegenstände, welche den bisherigen Wahrnehmungskreise der Kinder angehören. f) Aufschreiben des Auswendiggelernten aus dem Kopfe, vorausgesetzt, daß die Kinder bereits aus dem Lesebuche richtig abschreiben können. Einzelne Diktando=Uebungen mit Rücksicht auf Abstammung, Sylbentrennung und ähnlich=lautende Wörter. g) Bei den Uebungen im Lesen, in der Satzlehre und im Rechtschreiben ist fortwährend auf die richtige Interpunktion hinzuweisen. — C. **Schönschreiben.** Fortsetzung der Schönschreib=Uebungen mit etwas verkleinerten Buchstaben und für die

Geübteren auf einfach linirtem Papier. Dabei muß bereits größere Genauigkeit beim Schreiben der Grundformen, größere Reinheit und richtige Stellung der Schrift angestrebt werden. Selbst bei Uebungen im Diktando-Schreiben ist strenge darauf zu sehen, daß eine gute Schrift beibehalten werde. Zur Erzielung eines richtigen Augenmaßes, einer korrekten Richtlinie läßt man die Grundformen in Parallelübungen schreiben. — D. **Rechnen.** Hier hat sich der Unterricht vorerst mit dem Resolviren und Reduciren benannter Zahlen zu befassen und sind sofort die Schüler in den 4 Grundrechnungsarten mit mehrfach benannten Zahlen zu üben, und zwar in angemessener Steigerung. Nähere Kenntnisse der gangbaren Münzen, Maße und Gewichtssorten rc. Eine besondere Aufmerksamkeit erheischt das Rechnen mit geraden und ungeraden Guldentheilen. Hiezu kommen noch einfache Regeldetri=Beispiele. In der höheren Abtheilung hat der Unterricht im Rechnen mit gemeinen Brüchen zu beginnen und auf leichtere Beispiele in den 4 Grundrechnungsarten sich auszudehnen. — E. **Nützliche Kenntnisse.** Geographie: Kenntniß des Vaterlandes (Karte von Bayern.) Geschichte: Einige frische und lebensvolle Bilder aus der Geschichte des Vaterlandes. Naturgeschichte: Charakteristische Merkmale der einzelnen bekannten Thiere, wodurch die Kinder zur Kenntniß der bekannten 6 Hauptklassen der Thiere gelangen. Dabei versteht es sich von selbst, daß alle wissenschaftlichen Classifikationen ausgeschlossen bleiben. F. **Gesang.** In dieser Klasse ist mit dem eigentlichen Gesangsunterrichte zu beginnen. Von theoretischen Belehrungen und Uebungen (Singen der Scala und der Intervalle rc.) darf dabei nur dasjenige hereingezogen werden, was durchaus unerläßlich ist. Bildung des Gehörsinns bleibt hier die Hauptaufgabe. — G. **Zeichnen.** Praktische Kenntniß der Winkel und der verschiedenen gradlinigen Figuren. (Schluß folgt.)

2. Die diesjährige Lehrerversammlung zu **Gera** war die stärkste unter allen bisherigen **allgemeinen deutschen Lehrerversammlungen.** Die Zahl ihrer Mitglieder belief sich auf 813. — Die stärkste Betheiligung zeigte sich natürlich von den reußischen und thüringisch- wie königlich-sächsischen Landen. Die Stadt **Gera** allein hatte weit über 200 Mitglieder gestellt, indem alle gebildeten Stände reichlich vertreten waren. **Preußen** war ziemlich ebenso stark betheiligt als in Köthen; **Bayern** mit einem einzigen Lehrer, der seinen Namen zu nennen jedoch nicht gewagt hatte; **Kurhessen** mit 4 Collegen, die zum Theil mit ausdrücklicher Erlaubniß ihrer Behörden gegenwärtig waren; **Baden** mit dreien; **Hamburg, Bremen, Lübeck** in der gewohnten trefflichen Weise; **Oesterreich** außer durch seinen Direktor Kaiser, der Mitglied des Ausschusses ist, durch eine von der Stadtgemeinde Wien ausdrücklich abgeordnete Deputation (— das erste Beispiel solcher Theilnahme seitens einer Schulgemeinde —) und einige Redaktoren pädagogischer Zeitschriften; **Württemberg** hatte sich durch schriftliche Mittheilungen betheiligt rc.

Die Zahl der Volksschullehrer war (wie es nicht anders möglich ist) die überwiegende; sie betrug wohl 60 Procent. An Doktoren, Direktoren, Professoren waren gegen 70 anwesend, Lehrer höherer Schulen

gegen 30, auch einige Universitätsprofessoren, Seminarlehrer 8, Geistliche über 40, Studirende, Seminaristen, Gymnasiasten an 30 bis 40 ꝛc.
(Allg. deutsche Lehrerz.)

3. Bei der ersten **Hauptversammlung** des „bayr. Schullehrervereins" zu **Nürnberg** (3. Sept.) werden außer den die inneren Vereinsangelegenheiten betreffenden Verhandlungen folgende pädagogische Fragen zur Erörterung kommen: 1) Die Nothwendigkeit des Fortbaues der in der deutschen Schule gewonnenen Elementarbildung durch zweck- und zeitgemäße Fortbildungsschulen (Marschall in Freising). — 2) Welche wohlthätige Folgen müßte ein vollständiges Schulgesetz für Schule und Lehrer haben? (Sittig in Kirchenlamitz). — Die Anforderungen an die heutige Volksschule und an die Bildung ihrer Lehrer (Pfeiffer in Brunn). — 4) Ueber den naturgeschichtlichen Unterricht in der Volksschule (Häuptler in Nürnberg). — 5) Das Turnen als Unterrichtsgegenstand in der Volksschule (Strauß in Altdorf). (Fr. Kurier.)

4. (Dankbare Erinnerung an **Hohmann**.) Am Todestage Hohmanns (12. Mai) schmückten die Schwabacher Seminaristen dessen Grab mit Blumen und Kränzen, und die im Juni d. J. bei der Anstellungsprüfung zusammengekommenen Lehramtscandidaten brachten am letzten Abende ihrer Anwesenheit in Schwabach dem früheren geliebten Lehrer eine Ovation, indem sie an dessen Grab Choräle und Lieder sangen.

5. (Mittheilung.) Als Nachtrag zu der Anzeige in Nr. 3 des Schulbl. v. heur. J. theile ich meinen lieben Freunden und Collegen zur besseren Orientirung bezüglich der Anlage und Ausführung des „prakt. Landorganisten" mit, daß jede alljährlich erscheinende Lieferung in 3 Abschnitte zerfällt.

a) **Vorspiele zu bestimmten Choralmelodieen** (nach Zahn) nebst Ueberleitungen von einer Versstrophe zur andern. Da größere durchgeführte, meist 2 Manuale erfordernde Choräle von Bach, Kittel, Krebs, Rinck ꝛc. auf unsern Landorgeln nicht zum Vortrag gelangen können, so habe ich zu diesen eigentlichen Choralvorspielen meist das Anfangsmotiv oder die erste Verszeile der treffenden Kirchenmelodie benützt. Mir scheint dieses Verfahren für unsere Zwecke das geeignetste zu sein, und ich habe für diese Art der Behandlung nicht nur das competente Urtheil des sel. Herrn Hohmann für mich, sondern auch das Sr. Emin. des Herrn Oberkonsistorialpräsidenten Dr. v. Harleß in München, welcher die ihm im Manuscript eingesendete I. Lieferung einer genauen Durchsicht würdigte.

b) **Allgemeine Tonsätze**, theils zu Vor-, theils zu kurzen Nachspielen zu verwenden, wobei alle in der Praxis vorkommenden Ton- und Taktarten berücksichtigt sind.

c) **Eigentliche Nachspiele** (keine Fugen).

Ich glaube, daß ich mit der Herausgabe dieses neuen Werks manchem Organisten einen guten Dienst erweise, und indem ich mich dieser Hoffnung hingebe, bitte ich wiederholt um zahlreiche Einschreibungen in die bereits in Umlauf gesetzten Subscriptionslisten. Wo ein Schuldistrikt in mehrere Conferenzsprengel abgetheilt ist, wolle man die

Listen gefälligst auch in letzteren circuliren lassen. Schlüßlich bitte ich noch um möglichst baldige frankirte Remittirung derselben. Etwaige Auslagen können bei Einsendung der Geldbeiträge später in Abzug gebracht werden.

Der fernere Fortbestand des Orgelalbums wird durch dieses neue Unternehmen nicht im Geringsten beeinträchtigt.

Theodor Krauß.

6. Nach dem Wunsche einiger Amtsbrüder theilen wir hier nachträglich das Verzeichniß der in Ansbach anwesenden "Vertrauensmänner" mit. **Altdorf**: Strauß; **Ansbach**: (St.) Heuner (Distr.) Oertel und Metzger; **Beilngries**: Eder; **Burghaslach**: Göbel; **Cadolzburg**: Keinath; **Dinkelsbühl**: (St.) Schilling, (Distr.) Bomhardt; **Eichstätt**: Gast; M. **Einersheim**: Eberlein; **Ellingen**: Waizmann; **Erlangen**: (St) Lutz; (Distr.) Hartmann; M. **Erlbach**: Dannenbauer; **Feuchtwangen**: Käppel; **Fürth**: Höchstetter; **Greding**: Veith; **Gunzenhausen**: Salffner; **Heidenheim**: Schneider; **Hersbruck**: Effert; **Herrieden**: Lang; **Insingen**: Schilffarth; **Iphofen**: Maier; **Kipfenberg**: Rotter; **Lauf**: Beck; **Leutershausen**: Verwind; **Neustadt**: Aecker; **Nürnberg**: (St.) Bößel, (Distr.) Bösenecker; **Pappenheim**: Schöner; **Roth**: Biel; **Rothenburg**: Görner; **Scheinfeld**: Müller; **Schnaittach**: Strobel; **Schwabach**: (St.) Winkler, (Distr.) Kühn; **Spalt**: Gordt; **Thalmessingen**: Arold; **Uehlfeld**: Sichermann; **Uffenheim**: Schön; **Wassertrüdingen**: Schilffarth; **Weißenburg**: Vogelhuber; **Windsbach**: Pickel; **Windsheim**: Huber; **Birndorf**: Dürring.

7. (**Wörter-Bedarf im Leben.**) Max Müller in Oxford bemerkt in seinen "Vorträgen über Sprachwissenschaft", daß ein gewöhnlicher Bauersmann, ein Feldarbeiter, im täglichen Verkehr nur etwa 300 verschiedener Wörter sich bediene; damit komme er aus. Ein Mann, der eine Durchschnittsbildung hat, behilft sich mit 3000 bis 4000; ein großer Redner mit höchstens 10000 Wörtern. Der englische Wörterschatz übersteigt um etwas die Ziffer von 50000. — Das alte Testament enthält im Englischen 5642 verschiedene Wörter; Shakespeare ungefähr 15000.

(Globus von Andre.)

7. (**Anzeige.**) Von unserer Erlanger Liedersammlung, betitelt:

36 Schullieder,

zu haben bei Lehrer Löffler in Erlangen, ist vor einigen Wochen die **dreizehnte Auflage** fertig geworden. Preis: steif brochirt, à 5 kr. — Der bisherige Absatz von 30000 Exemplaren dürfte laut genug für die Brauchbarkeit dieses Büchleins sprechen.

Briefkasten.

Herrn O. in W. Erhalten Wird verwendet werden. — Herrn L. in G. Folgt sobald als möglich. — Herrn M. in W. Das Gewünschte soll besorgt werden, wenn möglich. Die mitgetheilten Schulzeitungen mögen Sie behalten. Dieselben haben für uns keinen Werth mehr. — Für das Martinsstift erhalten von 4 Lehrern aus der Pfarrei Pegnitz: 2 fl. 22 kr.

Im Selbstverlage des Herausgebers. — Druck der K. C. Junge'schen Universitätsbuchdruckerei.

Schulblatt für Franken.

Herausgegeben von J. H. Lutz, Schullehrer in Erlangen.

(In Monats-Nummern, halbjährlich für 18 Kreuzer — zu beziehen bei dem Herausgeber, sowie bei allen Postanstalten Deutschlands.)

VII. Jahrg.   Nr. 9.   September 1862.

I. Abhandlungen, Biographien 2c.

1. Aufgaben bei der Anstellungs-Prüfung am K. Schullehrer-Seminar zu Altdorf.

Die diesjährige Anstellungsprüfung am Sitze des königl. Schullehrer-Seminars in Altdorf währte vom 24. bis 31. Juli. Als Prüfungscommissäre waren anwesend: Herr Regierungsrath und Schulreferent Freiherr von Dobeneck und Herr Konsistorialrath Dr. L. Kraußold, beide aus Bayreuth. — 21 Schuldienstexspektanten hatten sich zur Prüfung eingefunden, darunter waren 8 Schullehrerssöhne. Nach den einzelnen Kreisen vertheilen sie sich also: Oberfranken 13, Unterfranken 6 und Oberpfälzer 2.

A. Schriftliche Prüfnug.

Aufsatz: Was versteht man unter häuslicher Erziehung? Wodurch sind öffentliche Erziehungsanstalten nothwendig geworden, und worin besteht demnach ihre Aufgabe?"

Schriftliches Rechnen: 1) 32 Taglöhner verdienen in $12^1/_2$ Tagen à 9 Stunden $137^1/_7$ Pßthlr; wie viele Stunden täglich müssen 50 Taglöhner arbeiten, wenn sie in 22 Tagen $339^{41}/_{81}$ Krthlr. verdienen sollen? — 2) Eine viereckige Braupfanne ist $3^1/_2'$ tief; unten ist sie 6' lang und 5' breit; oben 7' lang und 6' breit. Wie viele Eimer à 60 Maß faßt sie, wenn $23^1/_2$ Maß einen Kubikfuß betragen? — 3) Eine Gemeinde kauft einen Wald um 7000 fl. unter der Bedingung, daß 4000 fl. nach 2 Jahren, und 3000 fl. nach 3 Jahren bezahlt werden. Da ihr nun bei Baarbezahlung 5% jährlicher Rabatt bewilligt wird, so will sie die entsprechende Summe zur Baarzahlung durch eine Umlage aufbringen. Wie viel beträgt diese Umlage und wie viel trifft auf den Steuergulden, wenn die Gesammtsteuer der Gemeinde 4000 fl. beträgt? — 4) Die Giebelwand eines Hauses ist 160' breit und der Giebel ist 90' hoch; wie lang ist ein Dachsparren, wenn er 2' Vorsprung zur Dachtraufe hat? — 5) Ein Weinhändler hat Wein, den Eimer zu 21 fl. und zu 30 fl. und mischt ihn so, daß der Eimer auf 25 fl. zu stehen kommt; wie viele Eimer von jeder Sorte muß er zu 20 Eimer Mischung nehmen?

Stilles Kopfrechnen: (Die Aufgaben wurden diktirt.) 1) Welche Summe geben die Zahlen von 1 bis 100? — 2) Wie viele Ellen à 2 Pr§thlr. erhält man für den zweijährigen Zins aus 1000 fl. à 4%? — 3) Man verkauft eine Elle um 30 kr. mit 4% Verlust; wie theuer hat man sie gekauft? — 4) 5100 fl. sind in 2 Theile zu zerlegen, die sich wie $^2/_3$ zu $^3/_4$ verhalten; wie heißen diese? — 5) Die Differenz zweier Zahlen ist 48 und die eine ist der 17. Theil der andern; wie heißen diese 2 Zahlen?

Landwirthschaft: 1) In wiefern sind landwirthschaftliche Ortslesevereine nützlich und wie soll sie der Schullehrer leiten? — 2) Welche Arten der Feldwirthschaft giebt es und nach welchen Grundsätzen wird die Wechselwirthschaft zweckmäßig ausgeführt? — 3) Was bezweckt die landwirthschaftliche Buchführung? — 4) Worin besteht das Schwärmen der Bienen und wie ist ein schwärmender Bienenstock zu behandeln? — 5) Wie ist ein brandiger Obstbaum zu behandeln?

Generalbaßaussetzen: Ein bezifferter Baß war zu bearbeiten.

Theorie der Musik: 1) Man schreibe aus dem Gedächtniß die Melodie: „Schmücke dich, o liebe Seele 2c." und beschreibe den Rhythmus! — 2) Warum und in welcher Beziehung muß die Orgelbegleitung den Gemeindegesang leiten und wie kann sie dies? — 3) Auf wie verschiedene Weise kann ein Vorspiel auf die nachfolgende Melodie hindeuten oder vorbereiten? — 4) Man beschreibe die Construction einer Fuge! — 5) Man bilde eine Einleitung von 8 Takten zur Melodie: „Vater unser im Himmelreich!"

Geschichte: 1) Wann und durch wen wurde das neubabylonische Reich gegründet, wie hieß und wie lange regierte der Sohn des Begründers dieses Reiches, wodurch kam Daniel und Ezechiel in sein Reich, und wer machte diesem Reiche ein Ende? — 2) Was that Ludwig der Bayer als Herzog, wie zeigte er sich als deutscher Kaiser, und wie suchte er seine Hausmacht zu vergrößern? — 3) Was weiß der Examinand vom Nürnberger Religionsfrieden, vom Passauer Vertrag und von den Friedensschlüssen zu Augsburg und Osnabrück?

Naturkunde: 1) Das menschliche Ohr und der Vorgang des Hörens sind zu beschreiben! — 2) Wie ist die Saugpumpe eingerichtet und auf welches Naturgesetz ist diese Einrichtung gegründet? — Woraus sind die Streichzündhölzchen bereitet und wie erklärt sich deren Entzündung? — 4) Woraus besteht das Kochsalz und wie wird es bereitet? — 5) Man nenne acht einheimische Giftpflanzen und beschreibe den Stechapfel! —

Methodik: „Es fragt sich, ob und aus welchen Gründen ein grammatikalischer Sprachunterricht in der Volksschule zu ertheilen ist, oder nicht."

Kirchendienst: „Was soll und kann der Kirchendiener thun, damit der Gottesdienst ein würdiges Aussehn erhalte?"

Katechismus: 1) In welchen Worten des Katechismus ist die Rede a) von der Person, b) von dem Werke, c) von den Ständen und d) von den Aemtern Jesu Christi? — 2) Welche Bibelstellen enthält unser Spruchbuch zur Erläuterung der 4. Bitte und wiefern dienen sie zur Erläuterung? — 3) An welcher Stelle des Katechismus soll nach

Anleitung der Spruchsammlung von den Eigenschaften Gottes gehandelt werden und womit ist diese Anordnung zu begründen? — 5) Katechetische Erklärung der 2. Auslegung der III. Bitte in Fragen und Antwort!

Biblische Geschichte: 1) Auf welche Weise und in welcher Form ist die biblische Geschichte in der Schule mitzutheilen? — 2) Man benenne 8 israelitische Männer, welche Zeitgenossen Nebukadnezar's waren! — 6) Welche Richter und Könige hatten mit den Philistern zu kämpfen? — 4) Welche bibl. Ereignisse knüpfen sich an die Stadt Hebron? — 5) Man bezeichne 4 Wunder, welche der Apostel Paulus verrichtete!

Orthographie: Es wurden 15 Sätze in einer Stunde diktirt, in denen folgende Wörter vorkamen: Duodez, Skizzen, Recitativ, Terzett, Tertianfieber, Quotient, Invention, Ambition, Experiment, Charlatan, Barrieren ꝛc.

Erziehungslehre: Wovon hängt bei dem einzelnen Erzieher das Ziel ab, das er sich bei der Erziehung setzt, und welche Principien machen sich hiebei hauptsächlich geltend?

Schönschreiben: Ein Liedervers deutsch und lateinisch, das deutsche und lateinische Alphabet, römische und arabische Ziffern.

Zeichnen: 1) Ein vorgelegtes Ornament. — 2) Die Construction der Parallelogramme, nebst genauer Angabe des Verfahrens.

B. Mündliche und Musik-Prüfung.

Vortrag: Jeder Expektant hatte einen ihm bestimmten Abschnitt aus der bibl. Geschichte v. Kurtz §. 145—160 vor Schülern zu erzählen.

Mündliches Rechnen: Der Schäffel Waizen hat früher $20^1/_2$ fl. der Schäffel Haber aber $6^1/_2$ fl. gekostet. Jetzt gelten $4^1/_2$ Schäffel Haber soviel, als $1^1/_3$ Schäffel Waizen; dieser aber ist um $1/_5$ im Preis gestiegen. Um wie viel Gulden ist der Schäffel Haber gestiegen?

Orgelspiel: Jeder Candidat hatte 1) einen Choral zu singen und denselben aus dem Melodienbuch zu begleiten, 2) auf den Introitus überzuleiten und diesen zu singen und zu spielen, und 3) ein zu diesem Zweck componirtes Präludium vom Blatt zu spielen.

Sprache: 1) Wie lautet der Genitiv Sing. von Georg Ferd. Müller, Wolfg. von Göthe, Walther von der Vogelweide? — 2) Bei welchen der 3 Fürwörter finden sich selbstständige Formen für alle 3 Geschlechter? — 3) Wie deklinirt man das persönl. Fürwort der 3. Person? — 4) In welchem Sinne braucht man die Formen: ich bewog (bewegte) und ich schuf (schaffte)? — 5) Man bilde Sätze mit einem subjectiven oder objectiven Nebensatze concreter Art!

Schulhalten: Jeder Examinand hatte über eine ihm Tag's vorher bekannt gegebene Bibelstelle mit Schülern der Elementarklasse zu katechisiren.

Violin- und Klavierspiel: Zwei eigens hiezu componirte Musikstücke mußte jeder Expectant vom Blatt spielen. Das Violinstück war ziemlich schwer.

Gesang: Aus der Zahl der vorgeschriebenen Choräle mußte einer aus dem Gedächtniß und ein vorgelegtes Gesangstück vom Blatt gesungen werden.

Geographie: 1) In welche 2 Flüsse mündet der Ludwigskanal und welche Meere verbindet er? — 2) Welche Regierungsbezirke durchzieht der Frankenjura, und von welchem Fluß wird er durchbrochen? — 3) Man nenne 4 wichtige Städte an der Oder! — 4) Welche deutsche Gebirge liegen am linken Ufer des Rheins? — 5) Man nenne die 4 größten europäischen Halbinseln! — 6) Welches ist die größte europäische Tiefebene, eine wie vielfache Abdachung hat sie? — 7) Man nenne 2 europäische Landengen! — 8) Welches sind die 3 wichtigsten Busen des indischen Oceans und welche Straße führt ins rothe Meer? — 9) Wodurch entstehen Ebbe und Fluth? — 10) Wie liegt Jericho von Jerusalem?

2. Ueber Orgelbau.

Zu keiner Zeit sind wohl so viele und zum Theil so große Orgelwerke gebaut worden, als in der jetzigen. So wurde vor einigen Jahren in Merseburg von einem Orgelbauer aus Weißenfels ein neues Orgelwerk mit ungefähr 75 Stimmen, in Lübeck von dem Orgelbauer Schulze aus Paulincell ein solches mit 80 Stimmen aufgestellt. Ritter in Magdeburg, der bekannte treffliche Organist, erhielt im vorigen Jahre zu seinem Gebrauche ein neues Werk von 92 Registern. Gleiches Glück erwartet in Kurzem den tüchtigen Organisten an der Nicolaikirche zu Leipzig: H. Schellenberg; denn in dieser Kirche wird ebenfalls von dem Orgelbauer zu Weißenfels der Bau einer Orgel von 80 Registern noch in diesem Jahre beendigt. Wie namentlich diese beiden genannten Orgelbauer Norddeutschland mit so großartigen Werken versehen, so sorgt Walker in Süddeutschland in dieser Beziehung das Gleichgewicht herzustellen. Neben andern bedeutenden Werken stellt dieser Meister gegenwärtig in seiner Fabrik zu Ludwigsburg eine für die Stadt Boston in Amerika bestimmte Orgel mit 86 Registern auf. Dieselbe erhält 4 Manuale, 2 Pedale, 6 Collectivzüge, 3 Schweller und ein Crescendo und Decrescendo fürs ganze volle Werk. Die Thätigkeit der Bälgetreter wird durch Dampfkraft ersetzt. Eine Hauptmerkwürdigkeit ist noch die, daß dieses kolossale Werk von vielleicht 70 Fuß Höhe in einen Concertsaal zu stehen kommt. Zur Prüfung dieses Rieseninstruments, welche Ende dieses Monats stattfindet, sind drei Organisten gewählt: Hopkins aus London, Musikdirektor Seitz aus Reutlingen und Prof. Herzog aus Erlangen. Ohne Transport und die nochmalige Aufstellung an Ort und Stelle betragen die Kosten dieses Werks schon über 40,000 fl. — Auch in Bayern ist in den letzten Jahren, wenn auch im kleineren Maßstabe, in dieser Beziehung Manches geschehen. Der geschickte Orgelbauer Steinmeyer in Oettingen erfreut sich einer immer weiter ausgebreiteten Wirksamkeit. Seine kürzlich in Hersbruck aufgestellte Orgel reiht sich seinen besten Werken würdig an.

**3. Bemerkungen zu der Beantwortung der Frage:
„Warum fühlen sich so viele Elementarlehrer unglücklich?"**
im März und Aprilhefte des „Schulblattes für die Prov. Brandenburg"
vom heurigen Jahre.

Wenn man die Sendschreiben des Herrn Provinzial-Schulraths Bormann in Berlin liest, in welchen er die Lehrer stets mit dem Titel „Meine Freunde" anredet, so könnte man glauben, der Mann sei ganz von Liebe und Wohlwollen für den Lehrerstand erfüllt. Man kommt aber nach Durchlesung des März- und Aprilheftes des Schulbl. für die Provinz Brandenburg beinahe zu der Ansicht, daß diese herzlich scheinende Anrede nur eine hohle, nichts sagende Phrase sei, hinter welcher sich eine recht gründliche Rücksichtslosigkeit, gelinde gesagt, gegen den Stand der Schullehrer verborgen halte. Denn wenn die in der Ueberschrift erwähnte Beantwortung, welche wir weiter unten theilweise mittheilen werden, auch nicht direkt aus Herrn Bormann's Feder kommt, so erscheint sie doch in einem Blatte, dessen Mitherausgeber Herr B. ist, für die er also auch folgerichtig einstehen und verantwortlich sein muß. Wir nehmen daher an, daß die in der betreffenden Antwort ausgesprochenen Ansichten nicht mit denen des Herrn B. divergiren; denn außerdem würde er sie wohl nicht in die genannte Zeitschrift aufgenommen haben, oder er würde wenigstens mildernde Bemerkungen zu den gravirendsten Stellen gemacht haben, zumal mit ziemlicher Gewißheit anzunehmen ist, daß Herr B. der Hauptredakteur des Brandenbg. Schulbl. ist. Nehmen wir aber eine solche Uebereinstimmung der Ansichten zwischen dem Verfasser der in Rede stehenden Antwort und Herrn B. als wirklich bestehend an, und vergleichen damit die süße Sprache, deren sich letzterer den Lehrern seines Aufsichtskreises gegenüber bedient, so erscheint uns Herr B. in einem sehr zweideutigen Lichte, wie so viele Andere, die Lehrern gegenüber sich so gerne als ihre Freunde und Gönner geriren, hinterher sich aber lustig über sie machen, mit einstimmen in die Spöttereien Anderer und den Lehrerstand brandmarken, wo sich ihnen Gelegenheit dazu darbietet.

Es macht einen widerlichen Eindruck, wenn man die Bemerkung machen muß, wie sich manche Leute so sehr in dem Bestreben gefallen, immer und immer wieder die Gebrechen (mehr eingebildete, als wirkliche) eines Standes aufzudecken, der dazu verurtheilt zu sein scheint, für Andere eine nimmer versiegende Quelle des Spottes und Hohnes zu sein; ja wie sie, wenn sie einmal auf das genannte Thema zu sprechen kommen, fast nicht mehr davon loskommen können, und mit wahrer Herzensfreude den Stachel ihres Spottes in die Seele des fühlenden Lehrers bohren. In der That, hätten die Lehrer nicht einen bedeutenderen Fond christlicher Liebe in ihren Herzen, als ihre Feinde und Widersacher, es käme zwischen beiden Parteien nimmermehr zum Frieden. Denn kaum sind ein Paar Jahre vorüber, daß in dem in Neuendettelsau erscheinenden Correspondenzblatt für innere Mission ein gewisser Herr die Falten seines liebewarmen Herzens geöffnet hat, um aus ihnen, gleich einem Platzregen, eine Fluth von Schimpf- und Scheltworten über den Schul-

Lehrerstand zu ergießen, so bläst in dem Eingangs erwähnten Hefte des Schulbl. f. d. Pr. Brdbg. ein Herr Louis Nigmann Seite 201 ff. in der Beantwortung der Frage: „**Warum fühlen sich so viele Elementarlehrer unglücklich?**" in dasselbe Horn. Dieser liebenswürdige Johannes glaubt, die Gemüthszustände der Lehrer und ihre Familienverhältnisse ganz genau erforscht zu haben. Er behält aber die gemachten Studien nicht für sich, sondern meint, der Welt, und insbesondere den Schullehrern einen wichtigen Dienst zu erweisen, wenn er sie in einer pädagogischen Zeitschrift, öffentlich niederlegt. Er will dem Lehrerstande zeigen, woran auch er krankt, wie auch „sein Sein angefressen und verschrumpft ist, und wie auch er an wahrer Herzensfrömmigkeit Mangel leidet". Wir lassen den betr. Artikel folgen, wie er im Brdbg. Schulbl. steht; einer eigentlichen Widerlegung bedarf derselbe nicht; er richtet sich selbst und seinen Verfasser.

„**Warum fühlen sich so viele Elementarlehrer unglücklich?** Daher, woher bei so vielen Menschen heutzutage der Mißmuth kommt und sie sich elend und unglücklich fühlen*). Denn großes, bitteres Unrecht wäre es zu sagen, diese Erscheinung fände sich blos im Stande der Elementarlehrer vor. Sie ist eine Krankheit unserer Zeit und zeigt von dem angefressenen und verschrumpften Sein und von dem Mangel an Allgemeinheit wahrer Herzensfrömmigkeit in manchen Schichten der Bevölkerung. Fast überall das Bestreben, wenigstens den nächst höheren Stand äußerlich nachzuäffen, und nicht minder allgemein der Wahn: werth zu sein, eine bürgerlich höhere Stellung einzunehmen als die ist, welche man einnimmt. Der Luxus, die gesteigerten wirklichen oder eingebildeten Lebensbedürfnisse, Genußsucht, die Verminderung im Werthe des Geldes, falsche Erziehung und Vorbildung, selbst das Titelwesen — und genannt ist, was im Allgemeinen oben genannte Zeiterscheinung hervorruft.

In Beziehung auf die Elementarlehrer greifen wir zunächst das heraus, was diejenigen berührt, welche meinen, werth zu sein, mehr vor der Welt zu gelten, als wozu sie ihre bürgerliche Stellung macht. Diesen scheinen die Schranken, in welchen sie sich zu bewegen haben, das Nichtentsprechende für sie zu sein. Sie modeln sich nach ihrer subjektiven Anschauungsweise einen sogenannten höheren, edleren und umfassenderen Wirkungskreis als das ihrer Würdige. Ihr Stand ist ihnen nun nicht eine Lust, sondern eine Last. Bewußt oder unbewußt nistet sich in ihnen allgemach das Streben ein, ihren Beruf und Stand nur zu erfüllen, um dadurch zu einer bürgerlich angeseheneren und glänzenderen Stellung zu gelangen, nicht aber, um sich durch ihre nicht blos gesetzliche, sondern wirkliche Treue darin in Gott glücklich zu fühlen. Schlägt jene Erwartung fehl, so ist der Mißmuth für sie und oft genug auch für die Ihrigen fertig. Das **Mehrwissen**, als ihre bürgerliche Stellung gerade fordert, ist ihnen nun kein Glück, sondern der

---

*) Eine klassische Antwort auf die unmittelbar vorausgehende Frage. Wir rathen Herrn Nigmann, sich erst sprachlich richtig ausdrücken zu lernen, ehe er es wagen kann, öffentlich aufzutreten und noch dazu als Beurtheiler von Verhältnissen, die entweder seinem Anschauungskreise ziemlich ferne liegen, oder die er boshafter Weise absichtlich verdreht.

Grund zum inneren Unfrieden. (!) Sie glauben sich zurückgesetzt und nicht gehörig gewürdigt. Scheelsucht, Neid, Mißgunst, Augendienerei, Speichelleckerei, Kriecherei, Heuchelei und auf der anderen Seite Borniertheit, Anmaßung, Unfügsamkeit und wie der innere und äußere Unsegen des sogenannten Schulmeisterdünkels sonst noch heißt, kann bei solchem Sinne nicht ausbleiben, und die Erziehung der Kinder wird nun entweder ganz vernachlässigt oder geschieht für eine Sphäre außerhalb des Standes, in welchem Vater und Mutter leben. In ersterem Falle ist des Taglöhners Kind unendlich glücklicher daran, als das eines solchen Lehrers. Jenes lernt nicht erst Dinge kennen, die es später entbehren muß, lernt aber neben den Schulkenntnissen arbeiten, was seine Eltern treiben, und bereitet sich so zu seinem späteren Berufe vor. Des Schullehrers Kind lernt aber weder arbeiten, wie ein Bürger- oder Bauerkind, noch lebt es sich in den Beruf der Eltern ein; denn es erwächst in der Unlust am Stande derselben*). Das andere Extrem springt am klarsten bei der Erziehung der Töchter in die Augen. Statt daß diese lernen: eine ordentliche Naht nähen, zu rechter Zeit einen Fleck gut aufsetzen, die Strümpfe und kleinen Löcher sauber und gut stopfen, stricken, waschen, plätten, kochen, spinnen, kundig sein in dem zur Haus- und Viehwirthschaft Gehörenden und darin tüchtig und entsprechend arbeiten — können sie schneidern, desto besser — und den weiblichen Schulkindern namentlich auf dem Lande so ein Vorbild sein: lernen sie ein bißchen Göthe, mehr jedoch Clauren, Spieß und Genossen; ein bißchen häkeln, ein bißchen sticken, ein bißchen nervös-scrophulös-sentimental sein, kurz das, was bewirkt, daß sie nicht das sind, was sie sein sollen. Ein vernünftiger Mann aber will eine vernünftige, arbeitsame, thätige, umsichtige, an Leib und Seele gesunde, eine fromme, frische, wirthschaftliche Hausfrau und kein verkommenes, kränkelndes Wesen — kein Zierpüppchen zum Weibe haben. Diesen praktischen Sinn gibt das jetzige materielle Zeitalter sehr bald. Daher kommt es, daß im Ganzen so selten Elementarlehrer aus ihrem Stande Töchter sich zu Frauen nehmen (?), diese vielmehr aus dem Staube wählen, auf den sie vom Seminar kommend meist verächtlich hinblicken (!): aus dem Bauern- und Bürgerstand**)."

Weiter unten sagt Herr Nigmann:
„Da diese Zeit voraussichtlich noch ferne liegt, (nämlich die Zeit, wo die

---

*) Wir bayrischen Lehrer arbeiten mit Lust und Liebe in unserem Berufe; denn wir wissen, daß unsere hohe Stats- (und Kreis-) Regierung dem Lehrerstande mit Wohlwollen zugethan ist und dies auch in jüngster Zeit durch pekuniäre Besserstellung der Lehrer mit der That bewiesen hat. Wo es aber noch Schulstellen gibt mit 30 Thlr. Gehalt, wie in Preußen und Hannover, wo theilweise noch der Reihetisch und freie Schlafstelle bei den Bauern existirt, da kann man es wohl keinem Lehrer verargen, wenn ihn zuweilen Mißmuth und Unlust beschleicht. Darum ihr Herren, die ihr die Aufsicht über die Lehrer zu führen habt, sorgt vor allen Dingen für Abhilfe ihres materiellen Nothstandes! Mit der äußern Anerkennung und Besserstellung wächst die Lust und Liebe von selbst.

**) Alle diese Vorwürfe, die meist aus der Luft gegriffen sind, geben Zeugniß von offenbarem, blindem Haß des Verfassers gegen den Schulstand, und erregen daher mehr Mitleid, als sie zum Aerger zu reizen vermögen.

Selbstsucht der zu einem Schulverband gehörenden Gemeindeglieder überwunden erscheint ꝛc.) so gewöhne sich der Elementarlehrer, bevor er in's Amt tritt, nicht an Genüsse, die er nachher nicht haben kann, damit es ihn nicht drücke, wann er Abends keine Partie Billard spielen könne; mache als junger Mensch nicht mehr Aufwand, als er später auf einer spärlich dotirten Stelle für sich machen kann u. s. w. (denn angewöhnt ist etwas sehr leicht, abgewöhnt sehr schwer); im Amte aber sei sein ganzes Leben ein Gebet. Wundersam ist dann selbst den Augen der Welt, wie ein so arm dotirter Lehrer doch so Vieles möglich machen und allezeit fröhlichen Herzens sein könne. Wir aber wissen es: es ruht der Segen Gottes auf ihm. Die Kinder wachsen und gedeihen wie Oelzweige, für Elternherzen die größte Freude."

Solches Geschwätz, mit dem man heutzutage keinen Hund vom Ofen hervorlockt, mag wohl für a. W. passen; aber der Blick des Lehrers wendet sich mit Widerwillen von solch abgeschmacktem Gefasel weg. Wo Armuth und Hunger zu Hause sind, da ist es wohl mit dem Fröhlichsein des Herzens und mit dem: „die Kinder wachsen und gedeihen wie Oelzweige" nicht weit her. Warum sucht man dagegen nicht lieber die Noth der Lehrer zu lindern, anstatt diese beständig zur Verzichtleistung auf alle menschlichen Bedürfnisse zu ermahnen und auf den Himmel zu vertrösten, wovon doch keine hungernde Kinderschaar satt wird? Aber man scheint sich's auf gewisser Seite zum Grundsatze gemacht zu haben, den Lehrern immer und immer wieder ihre Armuth und Zwitterstellung in der bürgerlichen Gesellschaft zu Gemüthe zu führen, um ja kein Fünkchen von Selbstgefühl in ihnen aufkommen zu lassen. Der Lehrer soll eben, wie es in jenen berüchtigten Aphorismen des Correspondenzbl. für innere Mission heißt: „innerlich und äußerlich ein kleiner Mann sein." Wäre im Lehrerstande nicht von jeher ein guter Kern gelegen, so müßte er schon längst den vielen, ja unaufhörlichen Angriffen und Verfolgungen zum Opfer gefallen sein; aber mit Gottes Hilfe, der den Demüthigen Gnade gibt, ging er stets neuverjüngt aus allen Kämpfen, gleich einem Phönix aus der Asche hervor. Das ist nun freilich für die, welche uns nicht wohl wollen, eine unliebsame Erfahrung; uns aber ist sie ein Trost und gibt uns festen Muth, wenn immer wieder neue Feinde sich zeigen. Ja, in dieser frohen Hoffnung auf eine immer bessere Zukunft, die uns mit den goldenen Worten unseres geliebten Landesvaters verbürgt ist: „Ich liebe die Lehrer," singen wir mit unserem Luther freudigen Gemüths: „Und wenn die Welt voll Teufel wär" ꝛc. Und nun noch zum Schlusse: Ist Herr Rigmann selbst Lehrer, so können wir ihm nur gründlichsten Verachtung versichern, weil er mit solch raffinirter Bosheit die ungerechtfertigsten Vorwürfe gegen seinen eigenen Stand schleudern kann. Gehört er aber einer andern Berufssphäre an, so rufen wir ihm außer unserer Verachtung noch besonders die Worte zu: „Kehret zuerst vor eurer Thür," und: „Zeuch zuvor den Balken aus deinem Auge!". Denn nicht blos im Lehrerstande, sondern unter allen Ständen finden sich unwürdige und bornirte, und doch dabei dünkelhafte und anmaßende Subjecte. Wir Lehrer aber sollten darauf bringen, daß Zeitschriften, welche eine Verhöhnung unseres Standes so öffentlich zur Schau tragen, aus den Lesezirkeln verbannt werden. Bei den stattfindenden Conferenzen könnten die beßfalligen Erklärungen im Protokoll niedergelegt werden. Schlüßlich ersuchen wir den Herausgeber d. Bl., seiner Zeit ein Exemplar derjenigen Nummer, in welche Vorstehendes eingerückt werden wird, an Herrn Bormann nach Berlin zu befördern. — Th. Krauß, im Einverständniß und Auftrage sämmtlicher Landlehrer des Distriktes Uffenheim.

Nachschrift. Der Herausgeber des Schulblattes theilt den Unwillen der Lehrer des Uffenheimer Distriktes gegen den erwähnten Rigmann'schen Aufsatz; nur hätte er gewünscht, daß die hierauf gegebene Antwort lediglich an Herrn Louis Rigmann adressirt und Herr Schulrath Bormann aus dem Spiele gelassen worden wäre. L.

Schulblatt für Franken.

Herausgegeben von J. H. Lutz, Schullehrer in Erlangen.

(In Monat=Nummern, halbjährlich für 18 Kreuzer — zu beziehen bei dem Herausgeber, sowie bei allen Postanstalten Deutschlands.)

VII. Jahrg. · Nr. 10. Oktober. 1862.

I. Abhandlungen, Biographien ꝛc.

1. Das Martinsstift zu Rüdenhausen.

Der Einsender dieses Berichtes besuchte am 4. Juli d. J. unser Lehrerwaisenhaus zu Rüdenhausen. Tags zuvor trat Georg Herpich aus Wambach als Zögling in die Anstalt ein, in der jetzt 16 Lehrerwaisen (nämlich 2 von Ober=, 11 von Mittel= und 3 von Unterfranken) und 5 Pensionäre (Werktagsschüler und Präparanden) sind.

Die Anstalt hat klein angefangen, aber Jehova krönte bisher das Gegründete mit seinem Segen und wird auch ferner in dem Stifte zum Heile vieler armer Waisen und zum Troste bekümmerter Lehrerswittwen mit seiner Gnade walten. Vor zwei Jahren wurde durch die geehrten Mitglieder des Verwaltungsausschusses ein Mann als Lehrer und Hausvater berufen, der mir schon früher von seinen Seminargenossen (Schwabach 1843—45) als sehr charakterfest geschildert wurde. Dieses Urtheil bestätigten später erfahrene Schulmänner, und ich nahm bei verschiedenen Gelegenheiten nicht blos dies, sondern bei meinem Besuche in Rüdenhausen noch das wahr, daß er in jeder Beziehung der passende Mann für unser Stift ist. Auch seine Gattin entspricht allen Anforderungen, die man an eine Hausmutter in solchen Anstalten stellt. Beide fühlen sich in diesem Institute wohl und die unter ihnen stehen, finden gute Erziehung und guten Unterricht.

Das Martinsstift ist ein Haus für arme Waisen, zur Zeit ist es noch ein **armes** Waisenhaus. Zwar eignen sich Haus und Garten; allein mit der Zahl der Waisen wächst leider das Haus nicht. Schon müssen Veränderungen im Innern vorgenommen werden, damit man ein ordentliches Schlaf= und Unterrichtszimmer und das Local zum Aufstellen einer Orgel erhalte. Diese Veränderungen kosten Geld. Obgleich viele schöne Gaben zur Schuldentilgung flossen, so daß 897 fl. 22 kr. Passiva abgezahlt werden konnten, so lasten doch noch (nach dem fünften Jahresberichte) 1515 fl. Schulden auf dem Besitzthume der Anstalt. Helft daher, liebe Brüder, damit derselben die nöthigen Unterhaltungsmittel nicht mangeln! Es ist schon viel geschehen, und herzlicher Dank sei für alles Geschehene den sich aufopfernden Verwaltungsmitgliedern, den hohen Regierungen und allen edlen Gebern; aber es muß noch besser werden.

Die Anstalt braucht sehr nothwendig eine Orgel; zur Anschaffung einer solchen sind bis jetzt bloß 11 fl. 12 kr. vorhanden. Vielleicht ist mancher Leser dieser Zeilen geneigt, zum Orgelkaufschilling ein Scherflein beizusteuern oder solche zu sammeln. Thue er es gütigst bald!

Der Hausvater hat als Besoldung freie Station für sich und seine Familie und nur noch 150 fl. in baarem Gelde. Das ist bei so viel Verantwortlichkeit und Arbeit zu wenig. Die hohen Regierungen geben den Präparandenlehrern Unterstützungen. Nun sind in dieser Anstalt, welche zugleich Präparandenschule ist, Präparanden von Ober-, Mittel- und Unterfranken. Könnten nicht die Herrn Kreis-Schulreferenten auch dem Hausvater am Martinsstifte eine Gratification als Präparandenlehrer und den bedürftigen Martinsstiftspräparanden Geldunterstützungen zufließen lassen?

Endlich gibt sich der Unterzeichnete der Hoffnung hin, daß unsere für das Wohl der Kirchendienerswaisen so besorgte hohe Kirchenbehörde gewiß Alles aufbietet, wenn man darum nachsucht, damit für das Martinsstift, in welchem Kirchendienerswaisen sind, eine Kirchenkollekte bewilligt und durch den Ertrag derselben der Noth einigermaßen gesteuert werde.

Gott helfe wie bisher, so in Zukunft dem Martinsstifte und erwecke ihm viele mitleidige Herzen zum Spenden von Wohlthaten!

Cunreuth.   Kobmann.

---

2. (Antwort auf den Artikel Nr. 3. in unserem letzten Blatte.)

Sehr geehrter Herr Redacteur!

Herr Th. Krauß hat „im Einverständniß und Auftrage sämmtlicher Landlehrer des Districtes Uffenheim" Bemerkungen zu der Frage: Warum fühlen sich so viele Elementarlehrer unglücklich? im März- und Aprilhefte des Schulblattes für die Provinz Brandenburg geschrieben. Sie haben diese Bemerkungen in Nr. 9 des VII. Jahrgangs des Schulblatts für Franken zum Abdruck gebracht, und, dem Wunsche des Herrn Krauß entsprechend, ein Exemplar der genannten Nummer an mich befördert. In einer den erwähnten „Bemerkungen" hinzugefügten „Nachschrift" sprechen Sie den Wunsch aus, daß die Bemerkungen lediglich an Herrn Nigmann, den Verfasser des von Herrn Krauß ꝛc. angegriffenen Aufsatzes abressirt, und mein Name aus dem Spiele gelassen wäre. Ich danke Ihnen für diesen Zusatz. Herr Krauß ꝛc. wird daraus ersehen, daß der Redacteur eines Schulblattes sich nicht immer mit den in seinem Blatte ausgesprochenen Ansichten in Uebereinstimmung befindet. Ich aber finde mich dadurch einer eingehenden Entgegnung auf die Ungerechtigkeit überhoben, die sich Herr Krauß ꝛc. in dem Eingang zu seinen „Bemerkungen" gegen mich zu Schulden kommen läßt. Ob ich übrigens ein Recht habe, die Lehrer „meines Aufsichtskreises", an welche meine Sendschreiben gerichtet sind, „meine Freunde" zu nennen, darüber steht nicht Herrn Krauß ꝛc. in Uffenheim, sondern lediglich den Angerebeten, unter denen ich seit 33 Jahren als Lehrer thätig bin, ein Urtheil zu. Wenn Herr Krauß ꝛc. die Sprache in meinen Sendschreiben „süß" findet, so muß ich das seinem Geschmack überlassen; doch kann mich diese Kritik nicht bestimmen, meine Sprache mit der seinigen zu vertauschen, welche auf ihren Höhepunkt angelangt ist, wenn sie dem Gegner „raffinirte Bosheit" vorwirft und ihn der „gründlichsten Verachtung" versichert.

Von Ihrer Billigkeit darf ich erwarten, daß Sie diesen Zeilen eine Stelle in Ihrem geschätzten Blatte anweisen und mir seiner Zeit die betreffende Nummer gefälligst zusenden.

Berlin, den 5. Sept. 1862.   K. Bormann.

II. Lesefrüchte, Allerlei.

1. (Die I. Hauptversammlung des **bayerischen Volksschullehrer-Vereins zu Nürnberg**.) Zu der auf den 2. Sept. anberaumten Hauptversammlung des bayr. Lehrervereins hatten sich am ersten Tage 327 Mitglieder eingezeichnet. Nach 4 Uhr versammelte sich der Hauptausschuß des Vereins im Reichsadler; Abends 8 Uhr begann die Vorversammlung. Lehrer Methsieber (Vorstand des Nürnberger Bezirksvereines) begrüßte die Anwesenden mit einem herzlichen „Willkommen!" sprach sodann über die Entstehung und den Zweck des Vereins (welch Letzterer dahin gehe, den bayr. Lehrern eine geistige und sittliche Stütze zu werden zum Segen der Schule und zum Wohle des Volkes), erwähnte der Besorgnisse und Vorurtheile, welche gegen den Verein bereits laut geworden, und schloß mit dem Losungsworte: „Friede und Freude in und mit unserem Stande! Friede und Freude mit unserm jungen Landesvereine! Friede und Freude mit unserer ersten Hauptversammlung!" (Die aus warmen Herzen kommende, treffliche Rede wurde mit allseitiger Begeisterung aufgenommen.) — Besprechung über die Art der Abstimmung bei den bevorstehenden Verhandlungen, Probe einiger Gesänge und gemüthliche Unterhaltung füllten den noch übrigen Rest des ersten Tages aus.

Am Mittwoch, Morgens 8 Uhr, begann die erste Hauptsitzung im großen Rathhaussaale. Mit dem würdevoll vorgetragenen Chorale: „Herr und Vater, wir erheben Herz und Hände auf zu dir" (Melodie: „Unser Herrscher, unser König"; Text von Bauer) wurde die Verhandlung eingeleitet. Hierauf begrüßt Oberlehrer Bauer von Nürnberg die Versammlung in gebundener Rede. — Der erste Vorstand des Vereins, Lehrer Heiß aus Achdorf, erstattete nun Bericht über die Ausbreitung des Vereines. Derselbe zählt in: Oberbayern 153, Niederbayern 411, Oberpfalz 298, Oberfranken 153, Mittelfranken 301, Unterfranken 118, Schwaben 72 — in Summa: 1506 Mitglieder. Der Kassier referirte über den Kassastand des Vereines. (400 fl. Einnahme, 125 fl. Ausgabe.) Nachdem sodann die Vorsitzenden für die diesmalige Versammlung gewählt waren, (Lehrer Heiß aus Achdorf, Oberlehrer Höchstetter aus Fürth, Lehrer Tischler aus Landshut, Lehrer Reif aus Altdorf) wurde zu den einzelnen Vorträgen geschritten. Lehrer Sittig aus Kirchenlamitz betrat zuerst die Rednerbühne. Sein Thema war: „Welche wohlthätige Folgen müßte ein vollständiges Schulgesetz für Schule und Lehrer haben?" Ein solches Gesetz müßte die Bildung, Besoldung, Pensionirung, Beaufsichtigung und innere Einrichtung der Schule umfassen. Redner will nicht „Trennung der Schule von der Kirche", sondern, analog den höheren Lehranstalten, Selbstverwaltung der Volksschule. (Ueber den letzten Punkt entspann sich eine sehr lebhafte Debatte, bei welcher jedoch die überwiegende Mehrzahl sich mit dem Redner vollkommen einverstanden erklärte.) — Den zweiten Vortrag hielt Lehrer Pfeifer von Brunn über das Thema: „Die berechtigten Anforderungen an die heutige Volksschule und ihre Lehrer." Derselbe wünscht Reorganisation der Volksschule und bessere Bildung der Lehrer. In Bezug auf Verstandesbildung der Schüler sagt Redner unter Anderem, daß in die Schule nur so viel Memorirstoff gehöre, als sie Zeit finde, ohne Verkürzung anderer Lehrfächer, ihn zu erklären und dem Herzen wie dem Verstande des Kindes nahe zu bringen. Die „bessere Bildung der Lehrer" anlangend, schlägt Ref. Realgymnasien mit 4 Kursen und Seminarien mit 3 Kursen vor. Die bisherigen Präparandenanstalten, sowie auch Proseminare hält er für ungenügend und unpraktisch. Für die Lehrer verlangt er Sitz und Stimme in der Schulverwaltung und gutachtliches Vernehmen des Lehrerstandes in inneren Schulfragen. (Die ganze Rede war ausgezeichnet und voll Humor. Nach geringer Abänderung einiger Punkte wurden sämmtliche Thesen mit großem Beifall angenommen.) — Hierauf sprach Lehrer Häupler von Nürnberg über: „Die Nothwendigkeit und die fruchtbare Ertheilung des naturgeschichtlichen Unterrichtes in der Volksschule." Sein Vortrag bekundete tiefes Studium und große praktische Gewandtheit in der Ertheilung dieses Unterrichtes. — Um 2 Uhr endete die erste Hauptsitzung, welche von ungefähr 500 Lehrern besucht war. Bei dem darauffolgenden Mittagsmahle im Reichsadler herrschte die heiterste Stimmung und es fehlte nicht an offiziellen und freundschaftlichen Toasten. Am späteren Nachmittage wurden noch die Merkwürdigkeiten der Stadt und auch der Turnplatz besichtigt, worauf man sich um 7 Uhr in der Rosenau zusammenfand, wo der „Singverein" zu Ehren der Versammlung eine Orchesterproduktion veranstaltet hatte und 2 Chöre meisterhaft vortrug.

Donnerstag, Morgens 8 Uhr, begann die zweite Hauptsitzung. Nach dem Gesang des Chorales: „Mit dem Herrn fang Alles an" hielt Lehrer Strauß von Altdorf einen gediegenen Vortrag über „Das Turnen als Unterrichtsgegenstand in der Volksschule." Derselbe fordert das Turnen, weil es 1) ein Hauptmittel zur harmonischen Ausbildung des Körpers und Geistes, 2) ein Hauptmittel zur Erhöhung des sittlichen Einflusses unseres Unterrichtes sei, und weil es 3) den Körper zur praktischen Verwerthung der geistigen Bildung in jedem Berufe geschickter mache. Die Volksschule bedarf keiner künstlerischen und seiltänzerischen Uebungen; für sie genügen die sogen. Frei- und Ordnungsübungen, sowie die leichten Geräthübungen. Ref. gibt unter den verschiedenen Turn-Systemen dem Spieß'schen für unseren Zweck den Vorzug. — Den letzten Vortrag hielt Lehrer Marschall aus Freising über: „Die Nothwendigkeit des Fortbaues der in der deutschen Schule gewonnenen

Elementarbildung durch zweck- und zeitgemäße Fortbildungsschulen." Die bisherigen Sonntagsschulen haben den Erwartungen nicht entsprochen, und zwar hauptsächlich deßhalb, weil dem Schüler nichts Neues geboten, sondern derselbe Unterrichtsstoff wieder gegeben worden sei, der schon in der Werktagsschule theilweise bis zum Ueberdruß zur Behandlung kam. Man theile lieber der Werktagsschule weniger zu, verlange namentlich nicht noch Buchführung, zu der die Kinder von 12 bis 13 Jahren unbedingt nicht reif sind, sondern theile dieselbe neben anderen Gegenständen den neu zu errichtenden Fortbildungsschulen zu. (Sämmtliche Punkte wurden angenommen.) — Mit der Hymne von Bethoven: „Die Himmel rühmen" ꝛc. und mit einer kurzen Schlußrede des Vorsitzenden, an welche ein breifaches „Hoch!" auf Sr. Majestät den König sich anreihte, endete der öffentliche Theil der Verhandlungen. — (Eine für die Abgebrannten in Naila bei dieser Gelegenheit veranstaltete Sammlung ergab 60 fl.) — Zuletzt traten noch die Vertreter der Bezirksvereine zu einer engeren Berathung zusammen, bei welcher eine Kommission zur Ausarbeitung eines Schulgesetzes gewählt und als Ort der über 2 Jahre stattfindenden II. Hauptversammlung fast einstimmig Regensburg bezeichnet wurde.

2. Aus Franken sind dem allgemeinen bayerischen Lehrerverein bis 2. Sept. 1862 folgende Bezirksvereine beigetreten: Oberfranken: Ebermannstadt (19), Hollfeld (20), Kirchenlamitz (25), Selb (12), Staffelstein (37), Weidenberg (13), Höchstadt a. A. (19), Herzogenaurach (16). Mittelfranken: Altdorf (32), Cadolzburg, Eichstätt (33), Fürth (23), Gunzenhausen (22), Kircheimbach (14), Neustadt und M. Eilbach (37), Nürnberg (48), Pappenheim (25), Dinkelsbühl (31), Lauf und Schnaittach (22), Heidenheim (14), Ansbach (25). Unterfranken: Aschaffenburg (7), Hilders (12), Kissingen (20), Neustadt a. S. (21), Marktheidenfeld (11), Schöllkrippen (11), Würzburg (20). (Bayr. Schulz. Nr. 37 u. 38).

3. (Die allgemeine deutsche Lehrerversammlung betr.) Die 14. allgemeine deutsche Lehrerversammlung wird in der Pfingstwoche 1863 zu Mannheim gehalten werden*). — Die vollständigen Protokolle der im heurigen Jahre zu Gera abgehaltenen allgemeinen deutschen Lehrerversammlung finden sich im 2. Halbjahrgange der „Allg. d. Lehrerzeitung (Leipzig bei Klinkhardt)" abgedruckt. Die Verhandlungen dieser von mehr als 800 Lehrern besuchten Versammlung in Gera sind von der Art, daß sie die Aufmerksamkeit der gesammten deutschen Lehrerwelt verdienen. (Allg. b. Lehrerz. 1862, Nr. 35).

4. Der neue Lehrplan für die Volksschulen in Oberbayern. (Schluß).
Dritte Klasse. (Sechstes und siebentes Schuljahr).
A. Religionsunterricht. (Wie oben.) — B. Sprachunterricht.
a) Die Anschauungsübungen sind nun nicht mehr als besonderer Gegenstand zu behandeln, sondern mit dem Leseunterricht in Verbindung zu

---

*) Der Großherzog von Baden hat bereits dem Mannheimer Lokalkomité seine Freude über die Wahl dieser Stadt zur allg. d. Lehrerversammlung ausgedrückt und Letztere seiner Theilnahme und seines Wohlwollens versichert.

bringen. b) In dieser Klasse sollen die Schüler nicht nur correkt und verständig, sondern auch ausdrucksvoll lesen (ästhetisches Lesen). c) Die Lehre vom Satze wird erschöpft; insbesondere sind die Kinder zu üben in der sprachrichtigen Verbindung von gleichartigen und ungleichartigen Urtheilen. (Satzverbindung, Beiordnung und Unterordnung). d) Fortgesetzte und gesteigerte Uebung im richtigen Gebrauche sämmtlicher Redetheile zur Erzielung einer immer bessern Befähigung im mündlichen wie im schriftlichen Gedankenausdrucke. e) Die bisherigen Uebungen in etwas gesteigertem Grade, wozu dann noch die Briefe und Geschäftsaufsätze, landwirthschaftliche und gewerbliche Buchführung kommen. f) Uebungen im Diktandoschreiben mit Berücksichtigung aller bisher erlernten Regeln, mit Einschluß der Unterscheidungszeichen. Auch soll noch auf die Schreibweise einiger Fremdwörter, wie sie im täglichen Leben vorkommen, aufmerksam gemacht werden. g) Die richtige Anwendung der Unterscheidungszeichen wird vorzüglich durch den Unterricht in der Satzlehre zu begründen sein. — C. **Schreibunterricht.** Verkleinerung der Schrift bis zur gewöhnlichen Currentschrift mit steter Beachtung der Regeln der Calligraphie, sowie mit möglichster Beibehaltung der Formen der Normalschrift. Erzielung einer kräftigen und schwungvollen, einfachen Currentschrift mit und ohne Linienblatt. Die englische Schrift nach Thunlichkeit für geübtere Schüler. Sowohl alle monatlichen Probeschriften, Diktando- und Reinschriften, als auch die Haltung der Schüler beim Schreiben müssen zeigen, daß dieselben einen methodischen Schreibunterricht genossen, und daß sie es gewohnt sind, jedes Pensum in guter Schrift darzustellen. — D. **Rechnen.** Kopf- und Zifferrechnen werden nun gesondert, d. i. in besonderen Stunden behandelt, aber nicht ohne gegenseitige Beziehung auf einander. Die Uebungen im mündlichen Rechnen werden verhältnißmäßig gesteigert. Außerdem, daß denselben eine möglichst praktische Richtung zu geben ist, soll dadurch vor Allem Fertigkeit und Sicherheit im Rechnen erzielt werden, und ist daher auf Mannichfaltigkeit der Beispiele zu sehen. Zum schriftlichen Rechnen eignen sich die Verhältniß-, Zins-, Gesellschafts-, Theilungs- und Mischungsrechnungen, die mittelst des sogen. Zweisatzes, der Regeldetri, des reesischen Satzes oder der Proportion gelöst werden können. Die Lehre von den gemeinen Brüchen ist nunmehr zu vollenden und sind besonders viele Uebungen mit vermischten Aufgaben über die Stammrechnungsarten vielfach benannter Bruchzahlen vorzunehmen. — In der oberen Abtheilung kann noch das Wesentlichste von den Dezimalbrüchen und von der Raumberechnung durchgenommen werden. — E. **Nützliche Kenntnisse.** Geographie: Das Wichtigste in Betreff Deutschlands und Europa's, und zuletzt eine Uebersicht der 5 Erdtheile. (Von Landkarten sind unerläßlich: Deutschland, Europa, die beiden Erdhalbkugeln, Palästina). Aus der mathematischen Geographie sind die wichtigeren Lehren, z. B. über die Gestalt, Bewegung ꝛc. der Erde zu nehmen. Geschichte: Mittheilung der wichtigsten und einflußreichsten Begebenheiten in frischen, lebensvollen Bildern. Dabei vergesse der Lehrer nie: „Nicht das Wissen ist Ziel, sondern die Einwirkung auf Herz und Gemüth." Naturgeschichte: Die wichtigsten Pflanzen und Mineralien. Auf dies folgen dann einzelne frische Schilderungen von Thieren, Pflanzen und Mineralien; von ihrer Bedeutung für. das menschliche Leben, ihrem Nutzen oder Schaden ꝛc. (Das Wichtigste aus der Technologie.) Naturlehre: So viel, als zur richtigeren Beurtheilung der alltäglichen Naturerscheinungen gehört und etwa für das häusliche und gewerbliche Leben nöthig ist. Im Besonderen gehört hieher die Lehre von dem Wasser, der Luft und der Wärme; dann etwa noch von der Schwerkraft und der Elektrizität. Erklärung der Pumpe, der Feuerspritze, des Barometers, der Wage, des Hebels, des Pendels, des Thermometers, des Blitzableiters ꝛc. — F. Gesang. In der Oberklasse sollte eigentlich nach Noten gesungen werden; allein im Ganzen bleibt auch hier das Singen nach dem Gehöre die Hauptsache, und die Notenkenntniß ist mehr als ein Unterstützungsmittel des Gehörsingens anzusehen. Nie darf aber der eigentliche Zweck des Gesangunterrichtes vergessen werden, der da ein dreifacher ist, nämlich: Förderung des religiös-kirchlichen Sinnes, unschuldige, gesellige Freude und Erhöhung der Liebe zum Vaterlande. — G. Zeichnen. Verschiedene geradlinige Figuren. Kann dem Unterrichte eine weitere Ausdehnung gegeben werden, so wird es nicht schwer sein, die beßfallsigen Uebungen mit Rücksicht auf das Geschlecht, die Anlage und den künftigen Beruf in angemessener Weise fortzuführen und zu steigern.

5. Zum Taktschreibunterricht. Das Taktschreiben ist eine geistige Unterredung — ein mit Sprechen verbundenes, bewußtes Schreiben — ein Mittel zur intensiven Bildung — eine Arbeit oder Anstrengung der Kräfte, um auf der einen Seite dem gedankenlosen, trägen, oder auch flüchtigen Schreiben zu steuern und auf der andern Seite eine selbstständige Handschrift, eine Handschrift mit bestimmten, festen, wenn auch nicht immer schönen Zügen auszubilden; denn die Gabe zum Schönschreiben haben immer nur Einzelne, und keine Methode der Welt ist im Stande, aus einem Nichtbegabten einen Begabten zu machen.

Die Grundsätze sind: Bei dem Taktschreiben werden entweder Namen oder Zahl der Grundformen oder der Grundstriche in's Auge gefaßt. Die Nennung der Haarstriche während des Schreibens läßt sich nicht consequent durchführen und ist auch nach den von mir gemachten Erfahrungen nicht zweckfördernd. Es gilt daher immer als Regel, daß nur während des Schreibens der Grundstriche oder während des Herabfahrens gesprochen werde.

Die Namen der Grundstriche sind: 1) Grundstrich, erster Grundstrich ꝛc., 2) Punkt, 3) Bogen, 4) langer Grundstrich, 5) kurzer Grundstrich, 6) links gebogen, erster Bogen ꝛc., 7) Schleife, Oberschleife, 8) kleine Schleife, 9) Spieß, kurzer Spieß, 10) Knoten, 11) Unterschleife, 12) rechts gebogen, 13) langer Spieß, 14) Schleifengrundstrich, 15) Doppelschleife, 16) Keil, 17) Schleiflein, 18) rechts schief, 19) oben rechts, 20) Schlange, 21) Häckelein, 22) wagrecht, 23) Bogenschleife, 24) Schnecke, 25) links schief, 26) Eirund. Also i = 1 u. 2, n = 1 u. 1, m = 1, 1 u. 1, e = 4 u. 5, o = 6 u. 6, a = 6 u. ꝛc., l = 7, b = 7 u. 6, h = 1 u. 8, t = 9 u. 10, j = 11 u. 12, g = 6 u. 11, z = 12 u. 11, s = 13, f = 14 u. 10, h = 15, sch = 13, 1 u. 15, ü = 1 u. 16, ö = 6 u. 16, ä = 6 u. 16, r = 12, 17 u. 6, v = 12, 17 u. 12, w = 1, 12, 17 u. 12, p = 18 u. 11, k = 9, 12 u. 10, ß = 8 u. 19, S = 7 u. 20, F = 20, 2, 21 u. 22, E = 23 u. 10, 1 = 9, 2 = 24 u. 20, 3 = 24, 12 u. 2, 4 = 16, 22 u. 25 oder 9, 6 = 6 u. 26, 7 = 20

u. 9, 8 = 15 u. 21, 9 = 26 u. 12, 0 = 26 u. 21. — In den oberen Klassen treten an die Stellen dieser Namen die Zahlen ein s, zwei, drei und vier, z. B. Stricke = 1, 2, 3, 4! 1, 2, 3! 1! 1, 2, 3, 4! 1, 2! Punkt! (Die Aufzeichen werden nicht gezählt, sondern benannt.)

Ob es gerathen scheint, bis zur Vollendung des Zeichens immer nur den Namen desselben auszusprechen zu lassen, muß der Erfolg in der Schule nachweisen. Ich kenne denselben noch nicht. Freund Str. in A. wird vielleicht die Güte haben, Näheres darüber zu berichten. Vorläufig werde ich an den aufgestellten Grundsätzen festhalten, weil sie sich als gut bewähren. Wer jedoch auf eine andere Weise zum Ziele kommt, oder den hier vorgeschlagenen Weg verbessert, ist am Ende noch besser daran. Uebrigens hat Jeder seine Weise und seine Freude. 2c.

Warzfelden. G. Oertel.

6. (Anzeige.) Von Prof. Herzog ist in diesen Tagen ein neues, größeres Werk für Orgel unter dem Titel: „Das kirchliche Orgelspiel" (Erfurt, Verlag von Körner) erschienen. Dasselbe besteht aus 3 Theilen. Der 1. Theil enthält 242 meist leicht ausführbare Sätze: allgemeine Vorspiele, Kadenzen und Modulationen in den alten und neuen Tonarten. Der 2. Theil besteht aus klassischen Choralsätzen und 105 Choralvorspielen, die sich bei leichter Ausführbarkeit womöglich streng an das bayerische Choralbuch anschließen. Der 3. Theil enthält 31 kleine und größere Nachspiele, Fugen, Choralbearbeitungen ꝛc. Das Werk enthält Altes und Neues aus den verschiedensten Zeiten. Die Vertretung verschiedener Style aus verschiedenen Zeiten hat für den jungen strebsamen Organisten einen besondern Werth; denn sie befördert bei größerer Mannigfaltigkeit in der Auswahl die Kenntniß vom Stand und der historischen Entwicklung des Orgelspiels und gibt Gelegenheit zu einer allseitigen Ausbildung sowohl in Bezug auf Technik, als auf Geschmack und Urtheil. Es ist dem Verfasser gelungen, sich in den Besitz einer sehr nahmhaften Anzahl ungedruckter Compositionen von älteren und neuern Meistern, wie Pachelbel, Krebs, Hesse, Stolze, v. Eyken, Kühmstedt, Volckmar, Högner, Theile, Köhler ꝛc zu setzen. Im Ganzen sind 62 Componisten vertreten. Der Antheil des Herausgebers besteht in einer größeren Anzahl neuer Compositionen. Das Werk bezweckt eine umfassende Ausbildung jüngerer Organisten und eine allseitige Unterstützung der Cantoren und Organisten im Amte. Anstatt weiterer Empfehlung wird auf die bereits erschienenen Anzeigen und Beurtheilungen in der Pfälzer Schulzeitung, in der Urania, in der Neuen Münchener Zeitung (heurigen Jahrgangs) hingewiesen. —

7. (Quittung.) „10 fl. 29 Kr. erhalten von dem sogenannten „Martinsvereine", d. h. von der Vereinigung mehrerer im heurigen Jahre ausgetretener Schwabacher Seminaristen zu dem Zwecke, durch regelmäßige Beiträge das „Martinsstift" zu unterstützen, und 6 fl. 20 Kr., welche von den Seminaristen bei Gelegenheit des Uebertritts gesammelt wurden.— Indem diese Gaben mit herzlichem Danke quittirt werden, freut sich das Martinsstift, seine Freunde und Wohlthäter aus dem Lehrerstande um die Zahl derjenigen vermehrt zu sehen, welche die Geber obiger Gaben sind".

Briefkasten.

Herrn A. in H. Der erlittene Verlust an Blättern soll theilweise wieder ersetzt werden. — Herrn O. in W. Erhalten. — Freund P. in B. Die angeführte Aeußerung habe ich nicht gethan. Freundlichen Gruß! — Herrn S. in W. Wird erscheinen, vielleicht etwas abgekürzt. — Freund K. in C. In Betreff einer Kirchencollekte hat der Herausgeber abweichende Ansichten; doch möchte er dem Urtheile seiner Leser nicht vorgreifen. — Für Buchhandlungen (resp. Herrn B. in Essen): Dem Schulblatte f. Fr. können „literarische Anzeigen" nicht beigelegt werden, weil die Mehrzahl der Nummern durch die Post versendet wird und Letztere keine derartigen Beilagen duldet.

☞ Oktober: 18 Kreuzer für II. Semester 1862!

Schulblatt für Franken.

Herausgegeben von J. H. Lutz, Schullehrer in Erlangen.

(In Monats-Nummern, halbjährlich für 18 Kreuzer — zu beziehen bei dem Herausgeber, sowie bei allen Postanstalten Deutschlands.)

VII. Jahrg.   **Nr. 11.**   **November. 1862.**

I. Abhandlungen, Biographien ꝛc.

1. Aufgaben bei der am k. Schullehrer-Seminar zu Schwabach (vom 2. bis 8. Okt. d. J.) abgehaltenen Aufnahmsprüfung.

I. **Religion.** — A. Katechismus (schriftl.) 1) „Geiz" — „Sündliche Sorge". Was ist das Eigenthümliche des Einen und des Andern? — 2) „Die Himmel erzählen die Ehre Gottes" ꝛc. Wie soll der Himmel erzählen können? Wie ein Tag mit dem andern reden? Was ist also der einfache Sinn des Spruches? — 3) Zur Auslegung der 4. Bitte. In welchem Zusammenhange steht das „gute Regiment" mit dem „täglichen Brode"? (Nachweis). Was will der Schluß der Auslegung dieser Bitte „Und desgleichen"?

B. Biblische Geschichte (schriftlich). 1) Elis und seines Hauses Untergang. a) Wie zuvor angekündigt? b) Wie erfolgt? — 2) Christus und die Samariterin. a) Das Gespräch. b) Wirkung des Gesprächs. — 3) Das Gleichniß von den zehn Jungfrauen.

Gedächtnißübungen (mündlich). Ein Theil von einem Hauptstück, einige Sprüche und Liederverse.

II. **Sprache.** A. Sprachlehre (schriftlich). 1) Welchen Casus erfordern die Präpositionen: wegen, nach, hinter, nächst? An Sätzen, die als Beispiele dienen, zu zeigen! — 2) Der Ausdruck: „Dieser mein freundlicher Nachbar" soll durch alle Casus des Sing. und Plur. declinirt werden. — 3) Die in folgenden Sätzen vorkommenden Verba sollen nach Tempus, Modus, Zahl und Person bestimmt werden: a) Er wird seine Arbeit vollendet haben. b) Wir sind hieher gereist. c) Ich dächte, es wäre genug. — 4) Es soll ein Satzgefüge gebildet werden, in dem zwei Nebensätze verschiedener Art vorkommen. Die Art der Nebensätze ist dabei zu bezeichnen!

B. Lesen. Eine Geschichte aus einem Lesebuch.

C. Aufsatz. Eine Erzählung, welche die Wahrheit des Sprichwortes veranschaulicht: „Wer sich in Gefahr begibt, kommt darin um".

D. Rechtschreiben. Ein kurzer Aufsatz über die Straße von Gibraltar und dem an ihrem Ufer befindlichen Felsen, sowie auch einige einzelne Sätze wurden dictirt.

III. **Rechnen.** — A. Tafelrechnen. 1) $25\frac{5}{8} \times \frac{7}{9} + 4\frac{2}{3}$

$\times$ 6 : $\frac{1}{5}$ =? — 2) $\frac{2}{3}$ — 0,03576 =? — 6 : 0,34 =? — 3) 35 bayr. Ctr. kosten 21 fl.; wie hoch kommt ein Zoll=Ctr.? — 4) Heute vor 3 Jahren, 9 Mtn, 14 Tgn, 19 Stb. 15 Min. begab sich etwas. Wann war das? — 5) Ein Acker bildet ein Rechteck. Er ist 618′ lang und 230′ breit. Wie viele Tagw. und Decim. mißt er?

    B. **Kopfrechnen** (mündlich). 1) Unter wie viele Personen können 5 fl. 36 kr. vertheilt werden, so daß jede 4¼ kr. bekommt? — 2) Für 3 kr. 2 bl. bekommt man 20 Lth.; wie viel für ½ fl.? — 3) Wie viel östr. Gulden und Neukreuzer bekommt man für 30 süddeutsche Gulden? — 4) Wie viel Kapital braucht man, um zu 4% einen Krthlr. Zins einnehmen zu können?

    IV. **Schönschreiben.** — Deutsch: Das Lied Nr. 3, (B. 1 u. 2) das große und kleine Alphabet. — Latein. Das Lied Nr. 14, das große und kleine Alphabet.

    V. **Gemeinnützige Kenntnisse.** — A. **Geschichte** (mündl.). 1) Wie und wann starb Markgraf Luitpold der Schyre? 2) Wie lange regierte Herzog Heinrich XII. über Bayern? 3) Wer siegte in der Schlacht bei Ampfing und wer wurde besiegt? 4) Welcher Fürst aus dem Wittelsbacher Hause wurde 1400 deutscher Kaiser? 5) Welche Veränderung ging 1806 mit Ansbach vor? 6) Wann wurde Herzog Thassilo II. seines Thrones entsetzt, und welches Geschlecht starb mit ihm aus? 7) In wiefern ist das Jahr 911 für die bayr. Geschichte wichtig? 8) Aus welchem Jahre stammt der Hausvertrag von Pavia, und welches ist dessen erster und wichtigster Punkt? 9) Wodurch ist das Jahr 1742 für die Kurpfalz wichtig, und welche Linie starb da aus? 10) Wann und wo begann der 30jährige Krieg?

    B. **Geographie** (mündl.) 1) Von welchem Ocean ist das rothe Meer ein Theil? 2) Welches Land liegt östlich vom rothen Meer? 3) In welcher Richtung reist man von Würzburg nach Nürnberg? 4) Welches Gebirg liegt auf der Grenze zwischen Ungarn und Galizien? 5) a) Wie heißt der größte Fluß Nordamerika's? b) Welche Richtung hat er? 6) Wie heißt die bedeutendste Stadt a) Oberfrankens? b) der Oberpfalz? 7) Wie heißt die bedeutendste Handelsstadt an der Südküste Frankreichs und welcher große Fluß mündet westl. von ihr? 9) Welche 3 Meerengen verbinden die Ostsee mit dem Kattegat und an welcher von den dreien liegt Kopenhagen? 10) a) Welcher bayr. Fluß, der auf dem Fichtelgebirg entspringt, mündet in die Donau? b) Mündet er ober= oder unterhalb Regensburg? 2c.

    C. **Naturgeschichte** (schriftl.) 1) Welche Organe finden sich bei den Thieren als Tastorgane? — 2) Woher kommt der Moschus? — 3) Wie ist die Entwicklung des Frosches? — 4) Welche Theile enthält eine vollständige Blüthe? — 5) Was ist der Bernstein und wo findet er sich?

    D. **Naturlehre** (schriftl.) 1) Ich denke mir 2 gleichlange Schrauben, die eine mit 20, die andere mit 15 Schraubengängen. Welche von beiden wird bei gleicher Belastung leichter zu drehen sein, und warum? — 2) Ein Stück Blei wiegt in der Luft 22 Pfd., im Wasser 20 Pfd.; wie groß ist das spec. Gewicht des Bleies? — 3) Wie lang muß eine Barometerröhre mindestens sein? — 4) Was versteht man unter dem Schwerpunkt eines Körpers?

VI. **Zeichnen.** Ein Ornament.

VII. **Musik.** A. Gesang. Ein Choral aus dem Gesangbuch und ein Psalm vom Blatt. B. Clavier. Ein Stück aus Hohmanns Clavierschule und ein Stück vom Blatt. C. Orgel. Ein Choral und ein Stück vom Blatt. D. Violin. Das erste Stück aus Hohmanns Violinschule III. Cursus und ein Stück vom Blatt. E. Generalbaß. 1) Unter welchen Benennungen können die Töne d, fis, es, und h noch vorkommen? 2) Welcher Unterschied ist zwischen Haupt- und Grundton, und welcher zwischen dem charakteristischen und Leiteton? 3) Auf welchen Stufen der Tonleiter des Dur- und Mollgeschlechts haben diejenigen leitertreuen Dreiklänge ihren Sitz, welche die falsche oder die übermäßige Quinte haben? 4) Durch welche Harmonienschritte werden die Ganz- und durch welche die Halbschlüsse bewirkt? 5) In welchen leitertreu gebildeten Dreiklängen des Dur- und Mollgeschlechts ist die Terz oder die Quinte besonders zu beachten und warum? 6) Aussetzen eines bezifferten Basses mit gegebener Oberstimme. H.

---

2. Auf den Religionsunterricht Bezügliches.
(Aus einer Conferenzarbeit).

In einer höchst interessanten Schrift des französischen Oberarztes Lauvergne („Die letzten Stunden und der Tod in den verschiedenen Ständen der Gesellschaft") wird unter Anderm erzählt, daß ein Galeerensclave, den auf seinem Sterbebette der Geistliche fragte, ob er denn von dem im Religionsunterrichte ihm Mitgetheilten gar nichts behalten habe, die Antwort gab: „O ja, die Scheltworte und Schläge, die mir beim Aufsagen des Katechismus zufielen, habe ich noch in gar gutem Andenken!"

Als ich dies las, fiel mir der Gedanke schwer aufs Herz — ob denn nicht am Ende bei uns die Schüler und Schülerinnen ganzer Schulen auf die obige Frage auch ähnlich antworten würden. Darum gebe ich hier Folgendes zu bedenken:

Es dürfte dem hohen Zwecke des Religionsunterrichts, dem niemals die höhere Weihe fehlen darf, und der ganz besonders der Pflege des Gemüths, der Erbauung des jugendlichen Herzens dienen soll, entsprechend sein, daß weder während, noch auch unmittelbar vor oder unmittelbar nach demselben irgend eine Strafe an Kindern vollzogen werde. Muß nicht eine harte Strafrede oder gar die Exekution körperlicher Züchtigung den sanften, stillen Geist heiliger Liebe verscheuchen, welcher dieser Stunde nicht fehlen darf? Muß nicht der Jugend durch dergleichen unliebsames Thun und Treiben die Heiterkeit des religiösen Himmels getrübt werden, unter dem allein des Glaubens und der Andacht Wunderblume gedeiht? Wird nicht der Religionslehrer sich selbst durch seinen Strafeifer um die Freudigkeit des Geistes betrügen, ohne die kein ersprießliches Wirken an den jugendlichen Herzen denkbar bleibt? Und wird er nicht diejenigen Kinder, welche Zeugen der Strafe sind, in eine dem Gegenstande des Unterrichts ganz fremdartige Stimmung versetzen? — Wenn überhaupt, so muß hier das biblische Wort Grundsatz sein: „Die Liebe nur bessert!" —

„Aber", wendet mir vielleicht Einer oder der Andere meiner Collegen ein, „aber soll man denn Unarten, Störungen, Trägheit ꝛc. ungeahndet hingehen lassen, weil sie während des Religionsunterrichtes sich zeigen? Müssen solche Ordnungswidrigkeiten nicht gerade deßhalb recht **eindringlich** gestraft werden?" — Als Antwort diene hierauf: Entweder kommen solche gar nicht, oder höchst selten vor, wenn du Religionslehrer es verstehst, Religionsunterricht zu geben und mit heiligem und frommem Ernste deines Amtes wartest; oder, kommt eine solche Ausschreitung der Ordnung vor, so spare die Strafe und Strafrede bis **nach beendigtem Schulunterrichte** auf. Bist du nicht im Stande, den Trägen zu wecken, den Unruhigen zur Ruhe zu bringen, den Leichtsinnigen zu schrecken, **ohne zu strafen**: so sieht es überhaupt mit deiner Disciplin schlecht aus und du bist deinem Amte als Erzieher der Jugend nicht gewachsen. Ein kurzes, festes Wort — und hiemit muß die Sache abgethan sein; der **Religionsunterricht** darf durch lange Strafpredigten oder gar durch Strafvollstreckung an einem faulen Gliede der Gemeinschaft nicht **gestört werden.**

C.
. . . . . r

3. Letztes Wort, Herrn Bormann gegenüber.

Ohne mich in eine längere Polemik zu verlieren, wozu ich weder Zeit noch Lust habe, so sehe ich mich doch durch die Antwort des Herr Bormann zu der Erklärung veranlaßt, daß ich nicht ein Jota von dem zurücknehme, was ich in dem Artikel über den Nigmann'schen Aufsatz gesagt habe. Ich bin noch jetzt, gleich meinen Distriktscollegen, der Ansicht, daß Herr Bormann sehr Unrecht hatte, den fraglichen Artikel im Schulbl. f. d. Prov. Brdbg. **ohne jede Bemerkung seinerseits** zum Abdrucke zu bringen, und daß auch ihm deshalb ein zurechtweisendes Wort von Rechts wegen gebührte, das ihn lehren sollte, in Zukunft mehr Rücksichtnahme für einen ohnehin genug angefeindeten Stand an den Tag zu legen. Denn wie er sich dem Herausgeber dieses Blattes gegenüber zu Dank verpflichtet fühlt, der sich seiner so liebreich (*) durch den dem bewußten Artikel angefügten Zusatz angenommen hat, so hätte gewiß auch Herr Bormann den Dank sämmtlicher Lehrer geerntet, wenn er seine „**Nichtübereinstimmung**" mit den Nigmann'schen Unwahrheiten und Uebertreibungen **sofort** öffentlich ausgesprochen hätte, statt daß die desfallsige Erklärung post festam kommt und darum als eine **nothgedrungene** erscheinet. — Das Recht, die Lehrer seines Aufsichtskreises „Meine Freunde" zu nennen, habe ich Herrn Bormann keineswegs streitig gemacht; es würde mich das auch nichts angehen, wie Herr B. sehr richtig bemerkt. Allein ich suchte zunächst die Inkonsequenz nachzuweisen, die in jener liebenswürdigen Anrede, gegenüber der Aufnahme eines gegen den Lehrerstand die schwersten Anschuldigungen schleudernden Artikels in einem viel gelesenen pädagogischen von Herrn B. selbst redigirten Blatte, liegt. — Daß endlich Herr B. seine Sprache nicht mit der meinigen vertauschen möchte, ist mir in der That sehr gleichgültig. Ich hätte mich unter andern Umständen auch eines anderen Styls bedienen können; allein wie das Auftreten, so die

Abfertigung. Es gibt Dinge unter dem Mond, die mit der ganzen Wucht einer energischen Sprache gegeißelt zu werden verdienen. Th. Krauß.

(*) (Anm.) Ueber „Verantwortlichkeit" hat der Herausgeber des Schulblattes nachstehende Ansicht: In erster Reihe ist für jeden „unterzeichneten" Aufsatz der Verfasser verantwortlich, und erst in zweiter Reihe hat der Herausgeber einzutreten. Nun sind auf dem Titelblatte des „Brandenburgischen Schulblattes" 3 Herausgeber genannt: Striez, Bormann und Reichhelm. Sämmtliche Namen gehören Männern, die für ihr Thun einstehen werden. — Will also im vorliegenden Falle neben dem Verfasser auch der Redaktion ein Vorwurf gemacht werden, so kann derselbe doch wohl nur alle 3 Herausgeber zugleich treffen. Da jedoch in dem Artikel unseres Blattes (Nr. 9) Striez und Reichhelm unerwähnt blieben, so wird unser Redaktions = Zusatz (Seite 72 unten) nicht als „liebreiche" Inschutznahme, sondern nur als Ausdruck unseres „Rechtsgefühls" zu betrachten sein. L.

II. Lesefrüchte, Allerlei.

1. Die württembergische Orthographie.

In Württemberg hat bekanntlich die Oberschulbehörde die „Orthographie=Frage" abgemacht. Wir geben hier eine kurze Auswahl aus dem von Dr. Scholl herausgegebenen „orthographischen Wörterbuch der deutschen Sprache". Accord, Accusativ, Adolf, allmählich, apokryphisch, Atlas (Mehrz. Atlasse) — Bachus, bare Münze, barfuß, Barschaft, beredt, Blüte, Brennnessel, Brot, Brut — Christoph — Daguerrotyp, deutsch, Dolmetscher, Drittel, Drittheil, Draht — Flut — Geographie, Gensdarmes, gesandt, gescheid, gewandt, Getreide, Glut, Grachus — heiraten, Heirat, Heimat, Hoheit — ieren: barbieren, einfassieren, einquartieren, spazieren, hantieren (und auch: hantiren) ꝛc.; iren: abbiren, abbreviren, visitiren, probiren, floriren ꝛc. — Kaffee, Kalligraphie, Kamel, Kammmacher, Kanape, Karroussel — Lärchenbaum, Liqueur — Martör, manierlich, Manöver, mieten, Mietzins, Mietkontrakt, Mikroscop, Muth — Naht, Nähterin, nieten, Nieteisen — Partie, Philosoph, Physikus, Phrase, Poesie, possirlich, Producent, Prozent, Prosodie, Prosa, prosaisch, Punschbowle — Redaktör, Regissör, rythmisch, Roheit, Rudolf — Schalloch, Schnellläufer, Schiffahrt, Shawl (Mehrz. Shäwle), Silbe, syllabiren, Stereoscop — Telegraph, Thema (Mehrz. Themen und Themata), Tod, tobt, töbten, todtkrank, todmüde, Todfeind, todtenblaß, Todtenbahre — unbaß, unbäßlich, unentgeltlich — verwandt — Walfisch, Walstatt, Walplatz, Wahlzettel, Wahlfürst, Weizen, Witthum, Wildbret, Wuth — Zwetsche.

2. (Die neuen Unterstützungsvereine der bayr. Schullehrer).

Das königliche Staatsministerium hat im vorigen Monate über die Pensionsangelegenheit der Lehrer in 6 Kreisen entschieden, und zwar, wie es scheint, ganz gleichmäßig. Das nennen wir: summum jus! Wer sich am wenigsten hierüber freuen kann, — nein, wer sehr schmerzlich durch dieses „größte Recht" berührt wird — das sind die Lehrer des Kreises **Mittelfranken**. Handelt es sich um die Leistungen eines Kreises für die Staatskasse, oder um den Bezug eines Kreises **aus der Staatskasse**, dann hat nach unserem Laien=Urtheile das „Recht" seinen Platz. Etwas Anderes aber dürfte es sein, wenn die **gesetzlichen Behörden eines Kreises** (die königliche Regierung und die Versammlung des Landrathes) z. B. erklären, wir getrauen uns mit den dargebotenen Mitteln das erstrebte Ziel (Besserung der Lehrerverhältnisse) zu erreichen, **ohne den Lehrern selbst neue drückende Lasten aufzulegen**. Das war der Fall in Mittelfranken. — Wir haben im laufenden Jahre bei unsrer hohen Kreisbehörde die altbewährte Humanität gefunden, d. h. diejenige Gesinnung des Wohlwollens, bei welcher man auch in niederen Dienstverhältnissen für seinen Beruf Begeisterung schöpfen kann. Um so schmerzlicher ist es uns, daß von **höchster Stelle** (versehen mit dem theuren Namenszuge unseres **allgeliebten Königes**, der doch gewiß den Lehrern jeden dargereichten Gulden gerne zu einem großen Thaler machen möchte) ein „Halt!" gerufen wird — damit ja nicht in einem Kreise das Lehrerloos günstiger falle, als in dem **andern**.

Der dießjährige Landrath von **Mittelfranken** hatte (geleitet von der Ansicht, daß man den Schullehrern, die jährlich für ihre Wittwen 10 fl. zu entrichten haben, nicht auch noch für ihr dereinstiges Gnadenbrod eine **empfindliche Steuer** auflegen solle) in Uebereinstimmung mit der k. Kreisregierung als erste Einzahlung nur 2 fl. und einen Jahresbeitrag von 1½ fl., sowie die Erhöhung des Pensions=Bezuges von 200 auf 300 fl. einstimmig genehmigt und sich bereit erklärt, das hiezu Fehlende aus Kreismitteln zuzuschießen. Das königl. Staatsministerium dagegen setzt (der Gleichheit wegen) den Pensionsbezug vorläufig auf 200 fl. wieder **herab**, unsere erste Einzahlung dagegen (statt 3½ fl.) auf 12, 15, 18 fl. **hinauf**. Im Schulgesetze heißt es: „Reicht die Jahreseinnahme eines Unterstützungsvereins mit Ausnahme der dem Stammvermögen einzuverleibenden Eintrittsgelder zur Bezahlung des im Abs. 1 bezeichneten Unterhalts=Beitrages nicht aus, so hat der „Landrath" aus Kreisfonds das Fehlende zuzuschießen". Wenn nun der Landrath die Pflicht hat, das Fehlende zuzuschießen: sollte er dann nicht auch die Befugniß haben, nach eigenem Ermessen gütig zu sein? — Lutz.

3. Die **Unterrichtskommission** des preuß. Abgeordneten= hauses wünscht, daß bei dem neuen **Unterrichtsgesetze** folgende 24 Punkte berücksichtiget werden möchten: — I. Bildung der **Volks= schullehrer**: 1. Für die Aufnahme in das Schullehrer=Seminar muß von den Präparanden ein höheres Maß und eine zeitgemäßere Form der Vorbildung verlangt werden, als es nach den Vorschriften der Regulative geschieht. Die genauere Feststellung des Maßes erfolgt durch das Unterrichtsgesetz. 2) Die Erlangung der geforderten Vorbildung ist der freien Wahl der Aspiranten überlassen. 3) Für die Ausbildung der Volksschullehrer auf den Seminarien ist das beschränkende, den gegenwärtigen Anforderungen des Volkslebens widersprechende System der Regulative zu verlassen, und dagegen in einem mindestens dreijährigen Kursus durch gründliche und umfassende Unterweisung (namentlich auch in der Geschichte und den Naturwissenschaften) den Zöglingen ein möglichst hohes Maß

von Kenntnissen, sowie von religiös-sittlicher, wissenschaftlicher und pädagogisch-praktischer Bildung zu gewähren. Zugleich müssen die Seminare den Zöglingen Gelegenheit bieten, im Lateinischen und Französischen, wo möglich auch im Englischen ihre Kenntnisse zu erweitern. 4) An Seminarien sind nur solche Lehrer anzustellen, die sich bereits als lehrtüchtig bewährt haben. Zu Seminardirektoren sind nicht vorzugsweise Theologen zu ernennen, sondern vor allen Dingen bewährte Schulmänner und Pädagogen. 5) Die Seminare sind nicht ausschließlich in kleine Städte zu verlegen. 6) Eine gesonderte Vorbildung für künftige Lehrer an Land- und Stadt- oder sogenannten Mittelschulen ist nicht einzuführen. 7) Das Internat in den Seminarien darf nicht obligatorisch und nicht mit einer solchen Hausordnung versehen sein, die den Seminaristen vom Verkehre mit dem Leben außerhalb des Seminars abschließt. 8) Es ist durchaus kein Grund vorhanden, die auf Seminarien ausgebildeten Elementarlehrer von Schulvorsteher-Stellen (Rektoraten) an Elementar- und Mittelschulen auszuschließen und diese lediglich mit Literaten zu besetzen. Es müssen Prüfungen angeordnet werden, welche jedem Elementarlehrer die Möglichkeit gewähren, dieses Ziel zu erreichen. II. Besoldung, Pensionirung und Wittwenversorgung. 9) Keine Klasse von Staatsangehörigen hat gegründetere und dringlichere Ansprüche auf die Verbesserung ihrer Lage, als die Volksschullehrer, und gegen keinen Stand hat der Staat dringlichere Verpflichtungen, als gegen sie. Das Unterrichtsgesetz muß daher die Gehaltsverhältnisse der Volksschullehrer so regeln, daß sie im Allgemeinen nicht ungünstiger zu stehen kommen, als die Subaltern-Beamten. 10) Die Staatsregierung ist nicht nur berechtigt und verpflichtet, die Communen zu angemessener Dotirung der Lehrerstellen anzuhalten, sondern auch für Verbesserung von Lehrergehalten alljährlich eine bedeutend ansehnlichere Summe als bisher im Staatshaushalts-Etat anzusetzen. 11) Für die Lehrer der verschiedenen Provinzen wird, mit Berücksichtigung der Unterschiede von Land und Stadt und anderer Verschiedenheiten ein „Minimalsatz" des Einkommens festgestellt. Viel wichtiger aber noch, als die Minimalsätze erscheinen die „Alterszulagen" — daß nämlich das Einkommen der Lehrer durch Beförderung oder durch Zulagen in einem angemessenen Verhältnisse zu ihrem Dienstalter wachse. Alle diese Sätze unterliegen einer stetigen Revision in gewissen Zeiträumen. 12) Für die Pensionirung der Volksschullehrer müssen dieselben Grundsätze gelten, wie bei der Pensionirung der unmittelbaren Staatsbeamten. 13) Die Pension eines Lehrers darf nicht vom Diensteinkommen seines Nachfolgers abgezogen werden; sie ist vielmehr aus Beiträgen der Lehrer, wie aus Staats- und Communalmitteln zu gewinnen. 14) Dienstunfähig gewordenen Lehrern muß die Berechtigung auf anderweitige Anstellung gewährt werden. 15) In jedem Regierungsbezirke soll eine Schullehrer-Wittwenkasse bestehen; bei ihrer Verwaltung soll eine Mitwirkung der Interessenten in geeigneter Weise eintreten. Die Gemeinden sollen verpflichtet werden, auch ihrerseits jährlich Beiträge für jeden Lehrer zu jener Kasse zu zahlen. — III. Anstellung und Nebenämter. Bei der Anstellung der Lehrer soll der Lokal-Schulgemeinde das Recht der unbeschränkten Wahl aus allen Anstellungsberechtigten zustehen, und der Regierung das Recht der Bestätigung. 17) Die Schulgemeinde übt ihr

Wahlrecht durch den Schulvorstand aus. 18) Die aus bestehenden Patronats-
rechten dem Gemeindewahlrecht erwachsenden Hindernisse sind möglichst bald auf
dem Wege des Gesetzes zu beseitigen. 19) Die Verbindung kirchlicher Aemter
mit dem Lehramte ist fernerhin möglichst zu vermeiden, und nur da zu gestatten,
wo die lokalen Verhältnisse es unbedingt erfordern. — IV. Schul-Aufsicht.
20) Die Schulaufsicht und die Verwaltung des Schulwesens ist auf allen Stufen
so zu organisiren, daß die Interessen und Rechte der Commune, des Staates
und der Kirche gewahrt werden. 21) Das bisherige Verhältniß, nach welchem
der Ortsgeistliche als Vorgesetzter des Schullehrers dasteht und ausschließlich die
Aufsicht über die innern Verhältnisse der Schule führt, soll aufhören. Es soll
überall ein Schulvorstand errichtet werden, der als Vertreter der Lokal-Schulgemeinde alle Interessen ihres Schulwesens wahrzunehmen hat. Der Schulvorstand
muß so organisirt werden, daß die bürgerliche und kirchliche Gemeinde, der Lehrerstand und (wo und so lange Solches existirt) auch das Patronat in ihm vertreten sind. 22) Für die höhere Aufsicht und Verwaltung des Volksschulwesens
muß an die Stelle bureaukratischer Centralisation der Grundsatz vorwiegender
Selbstverwaltung treten. 23) Die höhere Schulinspektion soll nicht ausschließlich
oder vorzugsweise mit kirchlichen Aemtern verbunden sein, sondern vor allen Dingen in die Hände bewährter Schulmänner gelegt werden. 24) Die Ernennung
von schulsachkundigen Inspektoren je nach Anzahl der Volksschulen für einen oder
zwei Landkreise würde den ausgesprochenen Grundsätzen und dem allgemeinen
Wunsche der Lehrer entsprechen.

4. Verzeichniß der Schulpräparanden, welche im Okt. d. J. in das k.
Schullehrer-Seminar zu Schwabach aufgenommen wurden.

1) Knab von Heidenheim,
2) Grillenberger von Zirndorf,
3) Hirschmann v. Weißenburg,
4) Zantner v. Altdorf,
5) Glas v. Rothenburg,
6) Beyer v. Rothenburg,
7) Schmirlein v. Windsbach,
8) Schneider v. Memmingen,
9) Hauer v. Windsbach,
10) Drechsel v. Absberg,
11) Hammerbacher v. Schwabach,
12) Schön v. Gollhofen,
13) Roth v. Augsburg,
14) Neubauer v. Treuchtlingen,
15) Schilffarth v. Rothenburg,
16) Dinkelmeier v. Hohentrüdingen,
17) Winkler v. Schwabach,
18) Eberhardt v. Altdorf,
19) Schöller v. Altdorf,
20) Wagner v. Großbreitenbronn,
21) Bayer v. Memmingen,
22) Neusinger v. Pommelsbrunn,
23) Eichner v. Ohrenbach,
24) Ganzenmüller v. Zoltingen,
25) Mohnert v. Segringen,
26) Arnold v. Dennenlohe,
27) Schlegel v Dottenheim,
28) Feuchtenberger v. Weimersheim,
29) Weidner v. Harburg,
30) Sauermann v. Gerhardshofen,
31) Zippelius v. Fischbach,
32) Maurer v. Dürrenmungenau,
33) Dengler v. Dürrenmungenau,
24) Oster v. Lehmingen,
35) Pfister v. Harburg,
36) Uebler v. Baudenbach,
37) Baumgärtner v. Sachsen,
38) Eizinger v. Hechlingen,
39) König v. Burgfarrnbach,
40) Welsch v. Georgensgmünd.

Außer diesen 40 Aufgenommenen wurden (von 65 Geprüften) noch 20
als „aufnahmsfähig" erklärt; 5 fielen durch und wurden vom Schulfache ab-
gemahnt.
Bei der Aufnahmsprüfung am k. Schullehrer-Seminar zu Altdorf wurden (von 37 Schullehrlingen) 33 aufgenommen und 4 zurückgewiesen.

(Nachschrift.) So eben lesen wir im „Ansb. Morgenblatte", daß die von
den Vertrauensmännern gewählten Mitglieder des Verwaltungsrathes
bereits eine wohlmotivirte Vorstellung an die allerhöchste Stelle (§§. 8 und 16
der Vereinssatzungen für Mittelfr. betr.) bei hoher k. Regierung übergeben haben.

Im Selbstverlage des Herausgebers. — Druck der K. E. Junge'schen Universitätsbuchdruckerei.

Schulblatt für Franken.

Herausgegeben von J. H. Lutz, Schullehrer in Erlangen.

(In Monats=Nummern, halbjährlich für 18 Kreuzer — zu beziehen bei dem Herausgeber, sowie bei allen Postanstalten Deutschlands.)

VII. Jahrg.   **Nr. 12.**   **Dezember. 1862.**

I. Abhandlungen, Biographien 2c.

1. Der alte Lehrer und sein Gehilfe.

Motto:
„Es erbt der Alten Segen
und ihr Fluch."

Inmitten des gegenwärtigen Strebens nach Verbesserung der **äußeren** Lehrer=Verhältnisse dürfte es nicht unzeitgemäß sein, auch einmal eine Saite anzuschlagen, die vorzugsweise auf einen Wiederhall **innerhalb** unseres Standes berechnet ist. Wir meinen: „das Verhältniß des Lehrers zu seinem Gehilfen."

Daß der Herzensfriede eines (zumal alten) Lehrers von diesem Verhältnisse gar sehr bedingt sei; daß Lehrer und Gehilfe durch die rechte Stellung zu einander sowohl bei ihrem Schulwirken, als auch bei Gemeinde und Vorgesetzten nur gewinnen, das bedarf wohl keines weiteren Beweises. Schreiber dieser Zeilen kennt die mannigfachen Klagen, welche leider nur allzuhäufig von Lehrern gegen Gehilfen und von Letzteren gegen Erstere erhoben werden, nicht aus eigener, unmittelbarer Erfahrung — und eben hierin möchte seine Berechtigung liegen, als Vermittler zwischen Alt und Jung in dieser Angelegenheit aufzutreten. (Wenn ich soeben sagte: „nicht aus eigener Erfahrung," so soll das heißen: Wiewohl ich über 6 Jahre bei drei alten Lehrern als Gehilfe zugebracht habe, so ist doch nie eine derartige Klage zu meinen Ohren, noch aus meinem Munde gekommen.)

Zuerst ein **Wort** an die **Lehrer.** — Gar manche von Euch, liebe Amtsbrüder, sehen in ihrem Gehilfen zunächst nur den „Brod=schmäler." Das ist ein großer Fehler! Der Gehilfe ist Euer Ar=beit=Abnehmer; als solcher verdient er auch sein Brod, und zwar ein **Lehrer=Brod.** Es hat mir nie gefallen, wenn ich z. B. hörte, der Lehrer N. N. ißt an einem Seitentischchen etwas Besseres; die Frau, die Kinder und der Gehilfe essen miteinander. So soll es nicht sein! — Der Gehilfe braucht eine heizbare Wohnung, er braucht Holz. Seid auch in diesem Stücke billig und muthet Eurem Gehilfen nicht zu, daß er in einem Boden=Kämmerlein wohne, das für eine Magd kaum be=friedigend wäre. Dasselbe gilt von der Darreichung des nöthigen Hol=

ges. So mancher junge Mensch ist lediglich durch Entbehrung eines wohnlichen Zimmers dem Wirthshaus, und durch das Wirthshaus dem Verderben in die Arme geführt worden. Sehet Euren Mitarbeiter als ein Glied Eurer Familie an, dessen Wohl Ihr nach jeder Seite zu fördern verpflichtet seid! Darum: aufrichtiges, herzliches Anschließen an einander zu gemeinsamem Wirken — Anerkennung seines Werthes der Gemeinde und den Vorgesetzten gegenüber — Vertheidigung gegen allenfallsige Angriffe (wie sie einem berufseifrigen, aber daneben noch wenig erfahrenen jungen Manne bisweilen begegnen) — Zuweisung von kleinen Nebenverdiensten — Nicht-Mißgönnen der Geschenke, welche ihm von dankbaren Eltern dargebracht werden — bei zu Tage tretenden Schwächen- und Fehlern: zuerst väterliches Zureden, liebevolle Zurechtweisung, nicht heimliche Anzeige bei Vorgesetzten ec. — Wenn auch im Allgemeinen der Geist unserer Zeit mehr als früher an Selbstsucht, an Hang nach Ungebundenheit ec. krantet: die wahrhaft christliche Liebe besitzt auch heute noch die ihr verheißene Gewalt, zu überwinden.

Und nun ein zweites Wort an meine lieben jüngeren Leser. — Der junge Lehrer hat dem alten gegenüber (wie in der Regel, wo Neues dem Alten entgegentritt) die begünstigtere Stellung. Die Welt wendet sich der aufgehenden Sonne williger zu, als der untergehenden, und allzugroße Dankbarkeit ist überhaupt kein Erbfehler unseres Geschlechts. Zudem sind von dem älteren Manne im Laufe der Zeit hie und da Schattenseiten in der Gemeinde bekannt geworden; von dem neu-eintretenden jungen Mann kennt man noch keine. Einzelne wohlhabendere Familien des Ortes warteten vielleicht schon auf Letzteren, um ihm ihre Kinder zum Privatunterricht zu übergeben. Fast überall kommt man ihm mit besonderer Freundlichkeit, mit den verschiedensten Wünschen und Hoffnungen entgegen. — Das ist der gewöhnliche Lauf der Dinge. So war es vor uns; so wird es nach uns sein. — Wenn der ältere Lehrer über diese Erscheinung sich grämte, so wäre er ein Thor; wenn der jüngere auf sie einen gar hohen Werth legte, so bildete sich ihm eine Klippe, die uns für seinen Charakter fürchten ließe. Mit dem Bibelworte (Jes. 5, 21 III. Mos. 19, 32 ec.) im Herzen wird jedoch ein junger Lehrer die angedeutete Versuchung glücklich überwinden. Der Gedanke, daß für jeden Menschen vom 20. bis zum 70. Jahre noch gar viel zu lernen übrig sei, muß einen jungen Mann nothwendig zur Bescheidenheit mahnen. — Darum läßt er an seiner Stellung als zweiter Lehrer sich genügen und sucht nicht durch unedle Mittel dem älteren Manne „das Herz der Gemeinde zu stehlen." Das etwas größere Stückchen Brod des Letzteren betrachtet er ohne Neid, und sucht blos das eigene durch Privat-Arbeit rechtmäßig zu vergrößern. Bei den nothwendigen Aenderungen im Amte verfährt er (nicht großsprecherisch, sondern) mit Schonung. Bei allenfallsigen Mißhelligkeiten zwischen Gemeinde und Lehrer nimmt er nicht augenblicklich Partei gegen diesen. Er macht keinen Zuträger zwischen Schulhaus und Pfarrhaus. Er nimmt auch unaufgefordert dem alten Lehrer hie und da eine Arbeit ab, zu deren Tragung er nicht verpflichtet ist u. dgl. — Das waren wenigstens die Grundsätze, welche den Unterzeichneten während seiner Gehülfenzeit beseelten. Als er dann im Jahre 1830 von H. auf seine eigene Stelle abreiste, waren die letzten Worte seines hochbejahrten Cantors Lay: „Ich wünsche Ihnen dereinst im Alter einen Gehilfen, wie Sie es mir gewesen sind!" Solche Worte müßten hie und da einem jüngeren Ohre vielleicht wie ein „Fluch" klingen; für mich waren es Worte des Segens, deren Erfüllung ich bereits (wenn auch in etwas veränderter Form) reichlich verspüre. —

Möchte jeder unserer jüngeren Leser in sein eigenes Amt dereinst so übertreten, daß kein dunkler Schatten aus seiner Gehilfenzeit ihn verfolgte!!

((Wenn wir an das Obige noch einen besonderen Wunsch anknüpfen dürften, so wäre es Einer hohen königl. Regierung gegenüber die ehrfurchtsvolle Bitte: „Es möge auf dem Lande, wo der erste Lehrer am Sonntage neben 2 Gottesdiensten auch öfters noch Taufen, Leichen und Gemeindeschreibersdienste zu besorgen hat, dem Hilfslehrer auch ein billiger Theil der Sonntagsarbeit zugewiesen werden."))

Lutz.

---

2. Aufgaben bei der am kgl. Schullehrer-Seminar zu Altdorf (im Okt. d. J.) abgehaltenen Aufnahmsprüfung.

I. Religion. (Schriftl.) 1) Wie viele Abschnitte hat das 4. Hauptstück, und wovon handelt jeder derselben? — 2) Welche Thätigkeiten werden in der heil. Schrift Jesu Christo als Hohepriester zugeschrieben, und in welchen Stellen? — 3) Mit welchen Worten ist in der Auslegung des 2. Artikels das Werk Christi bezeichnet, und was bedeutet jedes dieser Worte? — 4) Auf welchen Stücken beruht nach den Worten des luth. Katechismus die Wirksamkeit des heil. Abendmahls? — 5) Was versteht man unter dem kleinen Katechismus Luthers? Welches sind dessen Haupttheile, und in welchem Zusammenhang stehen diese untereinander?

Biblische Geschichte. — 1) Man erzähle die Geschichte Nehemia! — 2) Welcher Prophet deutete Träume, und wie heißen dieselben? — 3) In welchem Gleichnisse redete Jesus vom Gebet? — 4) An welchen Orten predigte der Apostel Paulus? — 5) Warum wurde Jesus in Bethlehem geboren, da doch seine Eltern in Nazareth wohnten?

Gedächtniß-Uebungen. — Die 3. und 4. Bitte; Lieder: Nr. 100, 437, 20, 257; Spruch (Nr. 242) „Fürchte dich nicht 2c."

II. Sprache. — Aufsatz: Schilderung des Herbstes, mit Beziehung auf das menschliche Leben.

Grammatik. — 1) Man deklinire: „Unser breiter, schwerer Schild" und „Ein langes, blaues Schild!" — 2) Wie heißt der Comparativ und der Superlativ folgender Wörter: Edel, hager, vollkommen, nahe, wenig, sanft, naß, rührend, gebildet, verschwiegen? — 3) Man zeige an einem Beispiel, auf wie vielfache Weise das Verbum „werden" als Hilfsverbum gebraucht werden kann, und wie das Particip II. dieses Wortes zur Bildung des Perfekts, Plusquamperfekts und Futurums II. Passivi verwendet wird!

Orthographie. — 20 Sätze mit gehöriger Interpunktion und eine Anzahl Fremdwörter.

III. **Rechnen.** — Mündlich: 1) Zu viel Proz. sind 100 fl. ausgeliehen, wenn 650 fl. in $3\frac{1}{2}$ Jahren $113\frac{3}{4}$ fl. Zins tragen? — 2) Wie viele Stunden hat ein Schaltjahr? — 3) $\frac{2}{3} \times \frac{4}{5}$ ist wie oft mal $\frac{5}{6}$? — 4) 125 Pfd. kosten 35 fl., wie viele Kreuzer kostet 1 Pfd.? — 5) A braucht zu einer Arbeit 5 Tage, B zu derselben 7 Tage; wie lange brauchen beide, wenn sie zusammen arbeiten? — 6) 4 Ellen kosten 21 fl. 36 kr.; was kosten $33\frac{1}{2}$ Ellen?

Schriftlich: — 1) Man kürze den Bruch $9999/16571$ und weise nach, wie man die Kürzungszahl gefunden hat! — 2) Zu einem Fußboden, der $46\frac{1}{2}'$ lang und $22\frac{1}{2}'$ breit ist, braucht man 54 Stück Bretter, von denen jedes $1\frac{1}{4}'$ breit ist. Wie lang ist ein Brett? Der Beweis ist zu liefern. — 3) Verwandle $48\frac{3}{4}$ kr. in einen Dezimal-Guldenbruch und dividire diesen mit 2,25! — 4) Jemand hat einen Acker, der 375 Conventionsthaler (à $2\frac{2}{5}$ fl.) werth ist und vertauscht ihn gegen den seines Nachbars, welcher $3\frac{3}{5}$ mal mehr werth ist; wie viele Preußenthaler muß er diesem noch bezahlen? — 5) Auf $1\frac{1}{4}$ Jahr war ein Kapital zu 5 Proz. verliehen; nach Verlauf dieser Zeit wurden 1301 fl. $33\frac{3}{4}$ kr. Kapital und Zins bezahlt: wie groß war das Kapital?

IV. **Schönschreiben.** — Lied 21 (Vers 1 u 2), das kleine und große Alphabet deutsch und lateinisch, die arabischen Ziffern, die römischen Ziffern 1 bis 10, 50, 100, 1000.

V. **Gemeinnützige Kenntnisse.** — A. Geschichte. 1) Wie lange regierten die Carolinger über Bayern? Wer war ihr erster, wer der letzte Regent? Wie lange regierten solche? Man erzähle das Ende des letzten! — 2) Wie hieß der erste Herzog aus dem Luitpoldischen Stamme? Welche Grenzkriege fielen unter ihm vor, und wann starb derselbe? — 3) Unter welchem Herzoge wurde München gegründet? Wann und wie lange regierte er? — 4) Von wo an regierte das Geschlecht der Wittelsbacher ununterbrochen über Bayern? Wie hieß ihr erster Fürst und was ist von ihm zu erzählen? — 5) Wie hieß der erste König von Bayern, und aus welcher Linie stammte er ab? Wie heißt unser jetziger König? Wann geboren? Seit wann regiert er und unter welchen Umständen trat er die Regierung an?

B. Geographie. — 1) Man gebe die nördliche Grenze von Bayern an! — 2) Wo liegt Schmalkalden, Speier, Eisleben, Worms, Wittenberg? — 3) An welchen Flüssen liegen diese Städte? — 4) Wie heißt das südlichste Vorgebirg von Europa? — 5) Wann ist Tag und Nacht gleich?

C. Naturgeschichte. — 1) Was ist die Kreide? Woraus besteht sie und wozu gebraucht man sie? — 2) Wodurch unterscheiden sich Schwämme oder Pilze hauptsächlich von anderen Pflanzen? — 3) Welches sind die wichtigsten Kennzeichen der Familie der Nachtschatten? Wodurch unterscheiden sie sich von anderen Pflanzen, und welche Pflanzen gehören namentlich hieher? — 4) Welche Organe dienen zur Verdauung der Nahrung, und wie geht diese vor sich? — 5) Wie viel Zähne hat ein vollständiges Gebiß? — Wie theilt man die Zähne ein? Woraus bestehen sie? Welche Theile unterscheidet man an einem Zahne?

D. Naturlehre. — Was ist ein Stechheber? Worauf beruht seine Einrichtung und sein Gebrauch? — 2) Was versteht man unter

Schwere und Gewicht? Welches Gesetz gilt hinsichtlich des Falles fester Körper? — 3) Was ist Elastizität, und in welchen Maschinen ist sie die bewegende Kraft? — 4) Wodurch unterscheidet sich der Barometer vom Thermometer? — 5) Was ist eine Canalwage? Auf welches Gesetz gründet sich ihre Einrichtung, und wozu und wie wird sie gebraucht? —

VI. **Zeichnen.** — Ein Ornament, aus einem dreiblätterigen Blatte bestehend.

VII. **Musik.** — Theorie. 1) Wie heißt die große, die kleine, die übermäßige Sext von F? Welche Intervalle lassen sich mit diesen Sexten enharmonisch verwechseln, und wie kann die Richtigkeit der gemachten Angaben durch Anwendung der Intervallenmaße dargelegt werden? — 2) Welchen Akkorden können die vorgenannten Intervalle als wesentliche Akkord=Töne angehören? Auf welchen Stufen der Tonleiter finden sich diese einzelnen Akkorde, und wie werden sie bezeichnet? — 3) Welche Tonarten haben den harten, welche den weichen G=Dreiklang als leitereigenen Akkord, und auf welchen Stufen findet man ihn? — 4) Welchen Tonordnungen gehören die Töne unserer Violine in der ersten Lage an? — 5) Welche einzelne Fälle, bei welchen man sich vor Fehlern gegen richtige Stimmenfortschreitung zu hüten hat, sind dem Examinanden aus dem Generalbaßspiel besonders bekannt?

Ein Choral mit Ober= und Baßstimme war zu spielen; außerdem noch ein Stück mit gegebener Ober= und Baßstimme auszusetzen.

Clavierspielen. — Eine Tonleiter. Ein neucomponirtes Stück aus G dur in $^6/_8$ Takt.

Orgelspielen. — Ein neu=componirtes Stück aus D dur und Choral: „Fröhlich soll mein ꝛc."

Violinspielen. Ein neu=komponirtes Stück in der 5. Lage.

Gesang. — Ein Psalm aus C dur und Choral: „Die Nacht ist kommen ꝛc." und die A moll=Leiter.
Mattes.

---

3. Zur Aufgabe des Hauses und der Schule.

1) Wie erste Pflege des neugebornen Menschen Sache der Mutter, so ist die erste Erweckung des jugendlichen Geistes Aufgabe des Aelternhauses, nicht aber, wie es hie und da — besonders auch in der mit großer Begeisterung für Menschenwohl geschriebenen Instruktion für die Stadt= und Landschullehrer vom Jahr 1811 §. 3 — heißt, der Schule; denn die Jugend tritt erst mit dem Beginne des Knaben= und Mädchenalters in die Schule und bis dahin, also bis zum 6. oder nahezu 7. Lebensjahre, kann vom Hause aus Vieles gut gemacht, oder auch Vieles verdorben worden sein, weil viele Eindrücke in den Kinderjahren unvergeßlich und darum oft entscheidend für das ganze Leben sind. Eine Mutter wird also zweckmäßig handeln, wenn sie ihr Kind an eine bestimmte Ordnung im Säugen oder im Ernähren überhaupt gewöhnt, es regelmäßig wäscht, säubert und ihm in den zum Schlafe bestimmten Stunden keine Nahrung reicht, was zur Folge hat, daß sie mit ihm einen erquickenden Schlaf genießt. — Fällt das Anfangs dämmernde Licht von

der geeigneten Seite her auf das Lager; ist das Auge der Mutter selbst einem weckenden Strahle gleich; kommt der Schall mäßig und das Wort der Erzieherin lieblich zum Ohr; lernt das mit dem Beginne des Zahnens der Mutterbrust entwöhnte Kind nach und nach sprechen und verschieden sich bewegen; wird es überhaupt von der helfenden Liebe getragen und geführt, zu allem Wahren, Guten und Schönen gewöhnt und zu seiner Zeit in vorkommenden Fällen von den Aeltern konsequent körperlich bestraft — auf den Grundsatz bauend: wer nicht hört, (hören will) muß fühlen; — geschieht dies Alles von Pflegern und Erziehern guter Art, (denn es gibt auch eine böse Art, die sich fortpflanzt, wie das Unkraut unter dem Waizen): dann können die Aeltern — nicht müssen, denn die Erreichung des Zweckes liegt nicht in ihrer Macht allein — ein wohlgezogenes und unterrichtsfähiges Kind zur Schule bringen. Ist aber das Gegentheil von dem geschehen, was zweckmäßig ist, oder sind die Erzieher unglücklich mit ihrem Zögling; kommt also entweder ein ungezogenes, ein verwahrlostes, ausgeartetes, schwaches, gebrechliches oder überhaupt krankes Kind: dann kann der Schullehrer seine Aufgabe nur theilweise lösen, und da, wo es sich um eine Mehrzahl solcher Individuen handelt, ist die Schule mehr eine Erziehungs= und Heilanstalt, als das, was sie sein soll, nämlich eine öffentliche Anstalt zur allgemeinen Bildung der Jugend durch Unterricht.

2) Das schönste Ziel im Leben wird durch die Menschenbildung erreicht, welche an und für sich eine religiöse — weil Kopf und Herz für eine heilige Sache ergreifende — Thätigkeit ist, da die Veredlung der menschlichen Natur nicht von Gott ab=, sondern zu Gott hinführt. Ein Lehrer, welcher durch Unterricht an der Bildung der Menschen arbeitet oder theilnimmt, weil er von dem Geiste der Liebe bewegt wird, verschönert sein Leben und seine Umgebung in einem ganz anderen Grade, als dies durch alle Pracht der Außenwelt jemals geschehen kann. Die wahre Bildung besteht aber nicht im Vielwissen und Vielerleiwissen, auch nicht darin, daß man alles Einzelne merkt und kann, was man gelernt und geübt hat, und daß man möglichst schnell zum Ziele zu gelangen sucht; sondern sie ist in ihren Anfängen ein Wachsen oder Zunehmen an Weisheit, Frömmigkeit und Geschicklichkeit in den dem Alter und den Gaben angemessenen Bewegungen, in ihrer Vollendung aber ein mit Selbstbewußtsein sich äußerndes Erkennen, Fühlen, Wollen und Thun des Wahren, Schönen, Guten und Heiligen im Gegensatze zu allem Unwahren, Unschönen, Bösen und Unheiligen — zu allem sündhaften und höllischen Treiben — und diese Bildung erlangt der begabte Mensch zuerst durch Aufmerksamkeit und Fleiß — herbeigeführt durch Wachsamkeit und Strenge — später aber, wenn die Einsicht vorhanden ist, durch sorgfältige und gewissenhafte Uebung seiner Körper= und Geisteskräfte. Eine solche allgemeine Bildung befähigt zu jeder besonderen Bildung von Bedeutung, und kein wahrhaft Gebildeter kann derselben abhold sein. Nur Dummheit oder teuflische Bosheit liebt statt dieser wahren Bildung eine massenhafte Aufspeicherung von Stoffen, besonders in dem Alter der Kindheit und später im Knaben= und Mädchenalter unter Umständen mit Anwendung des Prügel= oder Gewaltsystems.

3) Die höchste Aufgabe der Aeltern oder Erzieher und somit auch

der Lehrer ist die religiöse Bildung der Jugend. Diese Bildung darf aber in keinem Falle als etwas Appartes hingestellt werden; denn Religion ist und soll sein die innigste Gemeinschaft des Menschen mit Gott, dem Höchsten, — eine Gemeinschaft, aus welcher der Mensch nie herauskommen darf, wenn er nicht in die verderbliche Gemeinschaft mit einem Abgott gerathen will; denn Christus spricht: wer nicht mit mir ist, der ist wider mich, und wer nicht mit mir sammelt, der zerstreuet. Die religiöse Bildung wird aber am allerwenigsten gefördert durch Zwang und Abrichten in hiezu bestimmten Stunden; sie wird vielmehr erreicht durch anziehenden und belehrenden Unterricht überhaupt, durch einen geordneten und stufenmäßig fortschreitenden Religionsunterricht insbesondere, dann aber auch durch lebenerweckende und zur Nachahmung ermunternde Beispiele gegeben schon im älterlichen Hause, und im Umgange mit religiösen Menschen nach dem Grundsatze der Anziehung des Gleichartigen (Beneke).

4) Der ernsteste Ruf, welcher an die Schullehrer ergeht, ist also der: Unterrichtet euch selbst und eure Schüler, d. h. sprecht mit euch selbst und mit euren Kindern und Schülern und zwar, wenn ihr könnt, in angemessener Weise und mit inniger Hingebung; macht euch frei von den unnöthigen Fesseln, um nicht, wie Pestalozzi sagt, jenen Menschen zu gleichen, die ihr Vieh an Hals und Füßen an die Krippe binden, damit es sein Futter frißt, das ihm vor dem Maule liegt, oder jenen, welche, um ihre Aecker und Wiesen nicht zu verlieren, eine Grenzbeschreibung davon auswendig lernen, statt dieselben durch eigene Kraftanstrengung und fremde Beihilfe nützlich zu bebauen. Haltet euch an das Wesen und die Art des Gegenstandes; laßt also durch den Glauben aufnehmen, was Gegenstand des Glaubens ist; laßt sehen und hören, was durch Sehen und Hören erfaßt werden muß, wenn es in den Kopf gebracht werden soll; laßt mit Händen begreifen, was zu begreifen ist, und bedenket, das zwar der sogen. Anschauungsunterricht, nicht aber der anschauliche Unterricht oder der Unterricht in Bild und Gleichniß aufhören darf, so lange ihr Kinder, Knaben und Mädchen und junge Leute unterrichtet ꝛc. Achtet nicht die Prahlerei der Gleichmacher, welche nicht die Ordnung des gemeinschaftlichen Lebens kennen, jene Ordnung, die den Denker erfreut, weil er deutlich sieht, was Paulus sagt: es sind mancherlei Gaben, und Petrus: mancherlei Gnaden, oder: die Menschen müssen verschieden sein, um ihren Gesammtzweck zu erreichen, und selbst der Schwächste ist ein guter Haushalter im Reiche Gottes, wenn er das ihm anvertraute Pfund getreulich benützt.

Warzfelden. G. Oertel.

II. Lesefrüchte, Allerlei.

1. (**Schwabach.**) Auch hier sollen die Lehrergehalte eine wesentliche Aufbesserung erhalten, indem von 350 fl. beginnend nach 3. 6. 9. 15 und 21 Dienstjahren je eine Zulage von 50 fl. eintreten soll, so daß nach 21 Jahren der Lehrer in den Gehalt von 600 fl. tritt. Es ist diese günstige Scala hauptsächlich dem Gemeindecollegium zu danken, welches dieselbe der magistra-

tischen gegenüberstellte, wornach bei gleichem Anfang das Marimum erst nach einem Menschenalter — nach 30 Jahren — erreicht worden wäre.

So erhebend und ermunternd dieses für die hiesigen Lehrer auf der einen Seite ist, so niederschlagend und entmuthigend ist auf der andern Seite die Art und Weise, wie man mit ihnen verfährt. Denn — obgleich die Gehaltserhöhungen bereits im Laufe des Sommers beschlossen wurden und die erhöhten Bezüge mit dem 1. Okt. eintreten sollen, so ist den Lehrern bis heute — 26. Okt. — noch nicht das Geringste darüber mitgetheilt worden. Ja — um die Erhöhungen zu ermöglichen, ohne andere städtische Kassen viel zu belästigen, sollen mehrere Klassen eingezogen, überhaupt Einrichtungen getroffen werden, die tief in das Schulleben eingreifen. So sehr nun die Lehrer hiebei interessirt sind, so wurde doch nie einer derselben gehört, nie einer zu den Berathungen zugezogen, sondern sie erfahren eben Alles nur durch Hörensagen. Ermuthigend und ermunternd ist diese Erfahrung gewiß nicht und der Verfasser des Aufsatzes im Münchner Boten (Nr. 230) hat gewiß recht, wenn er sagt: „daß die Erhöhung eines dürftigen Minimalgehaltes noch keineswegs das Talent einladet, sich einem Stande zu widmen, der rechtlos und mundtodt ist. —l.

2. Verzeichniß der 16⁶¹/₆₃ in Mittelfranken gestorbenen Lehrer.
Gackstatter, J. Gottl. (Rotlenburg) gest. d. 13. Okt. 1861 (68 J.);
Böckler, Carl (Oberscheinfeld) gest. d. 28. Jan. 1862 (63 J.);
Deininger, Joh. (Nürnberg) gest. d. 28. Jan. 1862 (28 J.);
Beck, Jakob (Holzhausen) gest. d. 4. Febr. 1862 (71 J.);
Ertel, Leonh. (Frickenfelden) gest. d. 14. Febr. 1862 (30 J.);
Trapp, Sixtus (Buschschwabach) gest. d. 20. Apr. 1862 (79 J.);
Greiner, Gottfr. (Steiten) gest. d. 11. Juni 1862 (71);
Schleußinger, Mich. (Nürnberg) gest. d. 14. Juni 1862 (53);
Kelnath, Mich (Langenzenn) gest. d. 3. Juli 1862 (63 J.);
Gaß, Georg (Birnsberg) gest. d. 22. Aug. 1862 (65 J.);
Leidig, Andr. (Georgensgmünd) gest. d. 3. Sept. 1862 (60 J.);
Hammer, Friedr. (Rudolzhofen) gest. d. 28. Sept. 1862 (47 J.).

(Bitte.) Diejenigen Freunde und Wohlthäter des Martinsstiftes, welche gewohnt sind, auf den „Weihnachtstisch" der Anstalt eine Gabe zu legen, werden herzlich gebeten, dies rechtzeitig zu thun.

Briefkasten.

Herrn R. in A. Herzlichen Dank für so viele Gefälligkeit. — Herrn . . r. Der Aufsatz „Ein Wort zu seiner Zeit" eignet sich zum Vorlesen in geschlossenem Raume, nicht aber für die Oeffentlichkeit. — Notenbeilagen übersteigen die finanziellen Kräfte des Schulblattes. — Diejenigen unserer lieben jüngeren Leser, welche im Laufe dieses Jahres aus dem Seminare getreten sind, ersuchen wir, für das kommende Jahr ihre Bestellungen bei der nächstgelegenen Post zu machen. Der halbjährige Betrag ist ganz derselbe. — Kleine Geldsendungen mittelst der Post, d. h. die unter einem Gulden betragen, erbittet sich der Herausgeber in Brief-Marken à 1 und 3 kr. (Denn für einen Betrag z. B. von 1 fl. 12 kr. baar aus Wassertrüdingen mußte er 12 und 3 kr. Porto zahlen.) — Amtsbrüder, welche uns gute „Conferenz-Arbeiten" mittheilen möchten, würden uns zu großem Danke verpflichten. — Für das Martinsstift erhalten: 6 fl. von Mögeldorf, und 18 kr. in Briefmarken, als Beitrag einer Schule. —

Quittung: Betrag für 1862, II. erhalten von den Distrikten: Altdorf, Feuchtwangen, Hersbruck, Gunzenhausen, Neustadt, Nürnberg, Rothenburg, Windsbach.

Alte Reste: Distr. Thalmessingen: 7 Er. 1858, II.; 1859 und 1860. — R. von Jan. 1860 an. — W....n: 10 Er. 1860, 5 Er. 1861 und 1862.

☞ Postbestellung en: wenigstens 8 Tage vor Ablauf des Jahres!